돈키부여

자본주의 시대에 최적화된 동기부여 방식

돈기부여

1판 1쇄 펴낸날 2017년 9월 25일

지은이 조현우
펴낸이 나성원
펴낸곳 나비의활주로

책임편집 권영선
디자인 design BIGWAVE

주소 서울시 강북구 삼양로 85길, 36
전화 070-7643-7272
팩스 02-6499-0595
전자우편 butterflyrun@naver.com
출판등록 제2010-000138호

ISBN 979-11-88230-16-7 03320

자본주의 시대에 최적화된 동기부여 방식

동기부여

조현우 지음

나비의 활주로

PROLOGUE

돈기부여로 당신의 인생을 변화시켜라

"나는 돈 욕심 없어. 그냥 좋아하는 일이나 하면서 평범하게 살고 싶어."

"나는 부자가 되고 싶진 않아. 그냥 안정적으로 편하게 살고 싶어."

정말 이런 것들이 가능하다고 보는가? 자본주의 사회에서 우리는 절대 돈 없이 좋아하는 일만 하면서 살 수 없다. 돈 없이 안정적으로 편하게 살 수도 없다. 다만 매달 나오는 월급으로 '먹고사는 걱정만' 안 하고 살 뿐이다. 이 사실을 간과한다면 우리는 행복한 삶을 위한 중요한 요점을 놓치게 된다.

많은 사람들이 돈을 좋아하면서도 한편으로는 두려워한다. 상당한 모순이다.

"돈 자체가 인생의 목적이 되어서는 안 된다."

어디서 들어본 말 아닌가? 나는 많은 부자들을 만나왔지만 부자들 중에는 돈 자체가 목적인 것처럼 사는 사람도, 이런 말을 하는 사람도 없었다. 오히려 이런 말을 가장 많이 하는 사람들은 보통 돈이 없는 사람들이다. 거꾸로 한 번만 생각해보면 왜 그런지 알 수 있다. 이미 돈을 많이 번 사람들은 돈 자체가 목적일 수가 없다. 벌어놓은 돈으로 어떻게 더 행복해질 수 있는지만 생각할 뿐이다.

부자들은 먹고살 걱정을 할 필요가 없으니 당연히 돈 자체를 인생의 목적으로 여기지 않는다. 그들은 사고 싶은 물건을 사고, 가고 싶은 곳에 가고, 배우고 싶은 것을 배운다. 돈을 모으는 것보다 어떻게 돈을 잘 쓸지를 더 고민한다.

사업을 더 확장하는 것도, 새로운 인재를 양성하는 것도, 본인 스스로가 더 많은 지식을 쌓으려고 노력하는 것도 돈 자체가 인생의 목적이어서라기보다는 자아실현을 추구하는 것에 가깝다. 자아실현을 위해 행복을 좇는 과정에서 자연스럽게 더 많은 부가 축적된다. 완벽한 선순환이 이루어지는 것이다.

반대로 부자가 아닌 평범한 사람들은 항상 돈 자체가 인생의 목적이 되어버리는 경우가 많다. 일단 먹고살아야 할 것이 아닌가. 당장 생계를 부담해야 하니 자아실현, 행복과는 상관없는 안정적인 직장을 찾는다. 그러면 어쩔 수 없이 사장의 자아실현과 행복을 지원해주는 시스템 중 하나의 톱니바퀴가 된다. 그리고 이렇게 말한다.

"좋아하는 일만 하면서 사는 사람이 어디 있어. 다들 그렇게 사는 거지."

"부자들은 원래 특출한 사람들이야. 나같이 평범한 사람이랑은 차원이 달라."

정말 슬프지 않은가? 사회의 시스템에 눌리고 눌려 자신이 가진 힘을 봉인당한 사람들에게 이미 자신이 간절히 원하던 삶은 안중에도 없어졌다. 아기 때부터 사슬에 묶여 있던 호랑이는 어른이 되어서도 사슬을 풀려는 노력을 하지 않는다. '어차피 안 풀리겠지'라고 생각해버리는 것이다. 지금의 우리는 이 호랑이와 크게 다를 것이 없다.

다시 한 번 생각해보자. 무엇이 우리를 이토록 무기력하게 만들었는가? 결국 돈이다. 돈 자체가 인생의 목표가 되어서는 안 된다는 말이 오히려 우리를 평생 동안 돈만 좇아다니게 만들었다.

사고 싶은 것도 마음 편히 못 사고, 가고 싶은 곳도 못 가보고, 이루고 싶었던 꿈도 꾹꾹 참고 포기해가며 여기까지 왔는데, 결국 지금도 돈 때문에 아무것도 하지 못한다. 어렸을 적 그렇게 꿈꾸던 넓은 집과 스포츠카도 내 삶에는 존재하지 않는다. 그리고 이제는 안다. 이제 평생 아끼고 참으면서 살아야 한다는 사실을. 지금과 크게 다르지 않은 삶을 계속 살아가야 한다는 사실을 말이다.

나는 수많은 부자들의 조언을 체득한 끝에 삶의 가치관을 통째로 바꿨고, 그에 따라 나의 인생이 바뀌는 것을 경험했다. 그리고 나의 경험을 통해 다른 사람들의 인생에도 변화를 가져다줄 수 있었다. 그 경험을 이 책의 독자들과도 공유하고자 한다.

"행복해지기 위해서는 반드시 돈이 필요하다."

너무 속물 같은가? 이것은 나의 새로운 가치관이다. 그리고 당신 또한 이렇게 살길 바란다.

"돈에 환장한 놈", "돈에 미친 놈", "돈밖에 모르는 놈", "행복은 돈으로 살 수 없는 거야" 등등의 비난이 두려운가? 걱정할 것 없다. 당신이 걱정하는 만큼 사람들은 그렇게 남의 일에 크게 관심이 없다. 만약 심하게 오지랖을 떠는 사람이 주변에 있다면 해결책은 간단하다. 만나는 사람을 바꿔라.

아직 이 책의 제목인 '돈기부여'가 무엇을 뜻하는지 와 닿지 않을 것이다. 간단히 설명하자면 이렇다.

우리는 당장 사고 싶은 것을 사고, 가보고 싶은 곳을 가고, 배우고 싶은 것은 배우고, 하고 싶은 것도 해야 한다. 갖고 싶은 것을 취해봄으로써 행복감을 느끼고, 돈의 감사함도 직접 체감해야 한다. 그러고 나면 진정으로 돈을 사랑하게 된다. 그렇게 얻은 에너지를 이용해 치열하게 배우고, 꿈을 성취하면 부자가 될 수 있다.

더 이상 인생에서 돈을 목적으로 삼을 필요가 없어졌을 때 진정한 행복을 추구할 수 있다. 그때가 되면 행복을 추구하는 것과 돈을 버는 행위가 자연스럽게 선순환 구조를 이룰 것이다.

요즘 TV와 온라인에서는 인문, 역사, 철학, 과학, 소통, 교육 등 가지각색의 주제로 사람들에게 지적 풍요로움을 선사하고 있다. 조만간 '스타강사 오디션'이 나온다 해도 전혀 이상해 보이지 않을 정도로 강연 시장이 뜨겁다. 세상 살기가 어렵기 때문에 그만큼 무언가 배워서 삶을 더 성장시키고 싶은 대중들의 욕구가 반영되었다고 생각한다.

정부와 언론이 교육시장을 지원한다는 것은 굉장히 긍정적인 일이지만, 한편으로는 안타까운 부분도 있다. 공중파에 '동기부여'와 '꿈'을 주제로 하는 강연이 거의 없어지고 있기 때문이다.

"당장 먹고살기도 힘든데 꿈은 무슨 꿈이야."

"실패해도 다시 일어나라고? 속 편한 소리하고 있네."

이런 반응을 보이는 청중들 속에서 "포기하지 마세요! 꿈을 향해 달려가세요! 진정으로 좋아하는 일을 하세요!"라고 말하기는 쉽지 않다. 강사라는 직업을 가진 사람은 아무리 훌륭한 지식과 많은 경험을 가지고 있다 해도 청중들이 싫어하는 말을 계속 할 수 없다. 따라서 최대한 많은 사람들이 관심을 갖는 방송을 만들어야 하는 제작진의 입장에서도 단순히 동기부여를 외치는 강연을 꺼리는 것이 현실이다.

우리는 이러한 덫에서 벗어나야 한다. 결국 아무리 교양을 쌓고 지식이 많아도 우리의 인생을 바꾸어주는 것은 생각이 아닌 행동이기 때문이다. 이 말은 그 누구도 부정할 수 없다.

자본주의 사회에서 사람들의 행동은 돈에 따라 움직일 수밖에 없으며, 돈을 제쳐두고 행복을 논하기도 어렵다. 우리는 부모님의 말처럼, 주변 사람들의 말처럼 돈을 열심히 모으기 위해 꿈도 포기하고, 끊임없이 참고 인내하며 노력해왔다. 그렇게 해서 삶이 얼마나 나아졌는가? 수많은 강의와 책을 보면서 정말 인생이 바뀌는 것을 경험했는가? 그런 사람들은 극소수에 불과하다. 나는 아직 바뀌지 않은 대다수의 사람들을 위해 《돈기부여》를 쓰기로 결심했다.

나는 당신이 돈 때문에 배움에 대한 열정을 포기하지 않기를, 행복에 대한 욕심을 저버리지 않기를 소망한다. 당신의 열정과 욕망을 있는 그대로 표출하라. 그 에너지로 돈의 선순환을 직접 체험해보길 바란다. 이 책을 읽은 후 봉인해제 될 당신의 새로운 인생을 기대한다.

조현우

CONTENTS

CHAPTER 3
미친 듯이 배워라!

CHAPTER 4
미친 듯이 벌어라!

CHAPTER 1

돈기부여 트레이닝

돈 ✣ 기 ✣ 부 ✣ 여

아직도 돈은
인생의 전부가 아니라고
굳건히 믿고 있는가? 열심히
절약하고 저축해야 부자가 된다고
믿고 있는가? 지금 당장 머릿속에
있는 돈에 대한 낡은 개념을
바꾸기 바란다.

나는 왜 부자가 되고 싶을까?

돈 생각을 떨쳐내는 유일한 방법은 돈을 많이 갖는 것이다.
- 이디스 워튼

언제부터였는지 정확히 기억은 안 나지만 나는 오래전부터 부자가 되고 싶었다. 톱스타들이 사는 좋은 집에 살며 스포츠카도 타고 싶었다. 나는 학교와 부모님이 알려주는 방식으로는 절대 그 꿈을 이룰 수 없다는 사실을 알고 있었다.

그렇다면 선택을 해야 했다. 지금의 평범한 삶에서 탈피해 부자가 될 수 있는 길을 택할 것인지, 아니면 부자가 되고 싶다는 꿈을 포기하고 스포츠카를 볼 때마다 '다음 생에는 꼭 타야지'라고 위안을 삼을 것인지. 나의 경우는 전자였다. 그렇게 부자가 되기로 결심한 이후 스스로에게 질문을 던졌다.

'나는 왜 부자가 되고 싶을까?'

질문에 대한 명확한 답은 나오지 않았다. 하지만 이것 하나는 깨닫게 되었다. 내가 원하는 것은 단순히 많은 돈, 좋은 집과 차가 아니었다. '선택할 수 있는 자유'를 얻고 싶었다. 무언가를 사고 싶을 때, 어딘가를 가고 싶을 때 더 이상 참지 않아도 되는, 적어도 돈에 관한 자유(자본주의 사회에서의 거의 모든 행위). 그에 따른 나만의 부자 정의를 내렸다.

부자 = 돈과 관련된 선택의 자유를 가진 사람

부자에 대한 나만의 정의를 내린 후 다음 질문을 던졌다.

'어떻게 하면 부자가 될 수 있을까?(어떻게 하면 돈과 관련된 선택의 자유를 가진 사람이 될 수 있을까?)'

이 질문에 대한 나의 대답은 꽤나 흥미로웠다. 상당 부문에서 나는 이미 부자가 될 자격을 갖추고 있었다.

많은 월급은 아니지만, 200만 원 갓 넘는 돈으로도 꽤 많은 선택의 자유를 누릴 수 있었다. 비싼 집과 차를 가질 수는 없지만 먹고 싶은 음식을 먹고, 사고 싶은 것을 사고, 가고 싶은 곳을 가고, 배우고 싶은 것을 배울 수 있었다. 물론 이 과정에서 무분별한 절약과 저축에서 완전히 탈

피해야만 했다.

부자에 대한 정의만 다시 내렸을 뿐인데 나의 삶은 훨씬 풍요로워졌다. 월급이 오른 것도, 복권에 당첨된 것도 아니었다. 그저 정의만 다시 내렸을 뿐이었다. 그러나 이 글을 읽는 여러분이 의문을 가지는 것처럼 나 또한 다음 문제들에 대해 생각해보아야 했다.

'저축을 전혀 하지 않고 그렇게 펑펑 써댄다면 과연 미래는 어떻게 대비해야 하는가?(대체 결혼자금과 주택자금은 어쩔 생각인가?)'

'그 정도 월급으로는 완전히 선택의 자유를 가졌다고 보기 어렵다. 그저 가진 한도 내에서 쓰는 것뿐이다.'

그렇다. 나는 당장 눈앞에 있는 선택의 자유를 누리기 위해 저축을 전혀 하지 않았고, 월급의 한계에 부딪혀 더 이상의 소비는 꿈도 꾸지 못하는 상태가 되었다. 오히려 과거에 모아뒀던 돈까지 다 끌어서 탕진하고 말았다. 이대로라면 나는 미래에 부자가 되기는커녕 파산을 면하기도 힘들어 보였다. 그러나 아무리 생각해봐도 저축은 답이 될 수 없었다.

소득이 폭발적으로 올라가지 않는 이상, 아무리 생각해봐도 '저축'은 지금 당장의 나를 가난하게 만드는 수단일 뿐이었다. 게다가 지금의 소득을 아무리 쥐어짜서 저축을 한다 해도, 미래에 내가 원하는 정도의 부자는 꿈도 꿀 수 없었다. 애초에 이길 수 없는 게임에 매달려 있지 말고 새로운 게임을 시작해야 했다. 이 문제들에 대한 해답을 구하기 위해 나는 또다시 파생 질문을 던졌다.

'소득 자체를 어떻게 폭발적으로 올릴 것인가?'

이 질문을 하는 순간 삶의 포커스가 명확해졌다. 현재 가진 돈은 선택의 자유를 누리는 데 사용하고, 머릿속으로는 끊임없이 소득을 올릴 수 있는 방법을 고민했다. 이런 나를 보고 친구들과 부모님은 평범하지 않다고 인식하기 시작했다. 누구에게나 당연시되는 저축도 하지 않고, 모두가 원하는 안정적인 직장에서도 나오려고 하고, 퇴근 후 매일 밤늦게까지 무슨 공부를 하고 연구를 한다고 앉아 있었으니 말이다. 얼핏 보면 고생을 사서 하는 것으로 보였을지도 모르겠다. 그래도 내 기준에서 나는 항상 에너지가 넘치는 사람이었다.

결론적으로 말하면 이 질문에 대한 대답은 혼자 찾을 수 없었다. 뛰어봤자 벼룩이라고, 평생을 군 생활만 한 사람이 사회의 수익창출 시스템에 대해 알면 얼마나 알았겠는가. 나는 궁금해 미칠 것 같았다. 아무리 책을 읽어보고, 인터넷으로 강연을 찾아봐도 궁금증은 해소되지 않고 오히려 극에 달했다. 그동안 철저히 나의 개인적인 욕구를 충족시키기 위해 사용했던 돈들을 또다시 내 욕구를 채우기 위해 사용하기로 했다.

'부자가 되는 방법, 소득을 폭발적으로 올리는 방법'

이것이 나의 가장 큰 소비 욕구이자 궁금증이었다. 이때부터 나는 버는 돈을 전부 부자가 되는 방법을 배우는 데 쓰기 시작했다. 이에 대한 자세한 이야기는 나의 첫 책 《만나는 사람을 바꿔야 인생이 바뀐다》에 자세히 나와 있다. 수많은 부자들을 만나고, 많은 돈과 시간을 써가며 배운 교훈을 요약하자면 다음과 같다.

'행복해지기 위해서는 반드시 돈이 필요하다는 사실을 인정하자.'
'무언가를 배우는 데 쓰는 돈을 아끼지 말자.'

아직도 돈은 인생의 전부가 아니라고 굳건히 믿고 있는가? 열심히 절약하고 저축해야 부자가 된다고 믿고 있는가? 지금 당장 머릿속에 있는 돈에 대한 낡은 개념을 바꾸기 바란다.

우리는 모두 돈 없이는 절대적으로 행복해지기 어려운 세상에 살고 있다. 열심히 절약하고 저축해서 부자가 되는 시대는 이미 끝이 난 지 오래다. 이 사실은 저금리시대를 운운하며 굳이 구구절절 이야기하지 않아도 이미 느끼고 있을 것이다. 따라서 우리는 돈이 행복의 필수조건이라는 사실을 빨리 인정하고, 부자가 되는 방법을 배워나가야 한다. 다시 한 번 생각해보자.

'정말 돈이 없어도 행복하게 살 자신이 있는가?'

왜 항상 돈이 부족할까?

내 배움에 방해가 된 유일한 한 가지는 내가 받은 교육이다.
- 알버트 아인슈타인

"내 월급으로 사기엔 너무 비싸."

"나도 여행 가고 싶은데 돈이 없어."

"제대로 배워보고 싶긴 한데 강의료가 비싸."

우리는 뭐만 하려고 하면 항상 돈이 없다. 돈이 없어서 자꾸 무언가를 포기하게 된다. 습관적으로 포기하다 보니 실제로는 돈이 있어도 없는 것처럼 살게 된다.

마치 법으로 월급 대비 소비율이 정해진 것 같다. 월급이 200만 원인 사람은 1,000만 원짜리 시계를 사면 안 되고, 연봉이 3,000만 원인 사람은 1억짜리 차를 사면 안 되는 분위기다. 이 보이지 않는 법을 어기면 주변 사람들에게 비난을 받기 딱 좋다.

자신의 교육비용에 관해서는 훨씬 더 인색하다. 갓 취업한 사회 초년생 중 월급의 절반 이상을 저축하는 사람들이 너무나 많다. 반면 취업 이후에도 무언가를 배우기 위해 과감히 돈을 쓰는 사람은 상상할 수 없을 만큼 적다. 당장 꼭 저축을 해야 한다고 강력하게 믿기 때문이다.

'돈 흐름의 악순환'

나는 이 현상을 이렇게 정의한다. 돈의 악순환이 당연시되는 사회의 흐름 속에서 우리는 평생 돈의 부족함을 느끼며 살아갈 수밖에 없다. 그렇다면 우리는 왜 항상 돈이 부족할까? 이 현상을 단순히 '월급을 적게 주니까', '경제가 어려우니까' 등의 이유로 치부해버리기에는 맹점이 많다. 조금만 더 깊게 생각해보자.

우리는 월급을 다 쓰지도 않으면서 월급이 적다고 말하는 경향이 있다. 물론 정말 월급이 부족한 경우도 있지만, 대부분 월급에서 저축하는 비용을 제외하고 남은 금액이 적은 것이다. 좀 더 일반적이고 구체적인 예시를 들어보자.

대학교를 졸업하고 운이 좋아 곧바로 취업이 된 스물여섯 살 K군은 초봉으로 200만 원을 받게 되었다. 아직 부모님과 함께 살기도 하고, 당장 큰돈이 들어갈 일이 없으니 부모님의 조언에 따라 월급의 60퍼센트인 120만 원을 저축했다. 취업을 했으니 기존에 부모님이 내주시던 휴대전화 요금, 보험료, 주택청약, 교통비 등도 당연히 직접 부담하게 되었다. 이것저것 떼다 보니 실질적인 용돈은 약 60만 원. 그나마 다행인 것은 아침은 집에서, 점심은 회사에서 준다는 것이었다.

사회생활을 하다 보니 자연스레 생기는 직장동료들과의 술자리, 오랜만에 보는 친구들과의 술자리 등등에서 쓰는 돈을 빼면 남는 돈이 거의 없었다. 그러다 보니 사고 싶은 옷은 다음 달로 미루고, 해외여행도 내년으로 미룰 수밖에 없었다. 평소 배우고 싶었던 테니스 레슨은 우선순위에서 가장 뒤로 밀려나 있으므로 과감히 포기했다.

극단적인 예시로 보이는가? 초봉이 200만 원이 되지 않는 경우도 많을뿐더러 학교 졸업 후 취업이 바로 되지 않는 경우, 학자금대출을 갚아야 하는 경우, 회사가 멀어 근처에 월세를 얻어야 하는 경우 등 더욱 힘든 사례가 셀 수 없을 만큼 많다.

평범한 K군의 서른 이후의 삶은 굳이 설명하지 않아도 상상이 될 것이다. 열심히 절약하고 저축했던 돈은 결혼자금이 되었다. 주택담보대출을 받아 간신히 집을 얻고, 매달 저축으로 나가던 돈은 그대로 대출이자가 되었다. 이 상태에서 아이가 생기고, 차가 생기면서 피할 수 없는 소비가 늘어났다. 폭발적으로 늘어나기 시작한 소비에 비해 월급은 정말 답답할 정도로 안 오른다. 이대로는 안 되겠다 싶어서 재테크 관련 책을 읽어보니 '가계부를 쓰고, 불필요한 지출을 아껴라. 아무도 모르게 새나가는 돈을 막아라. 아무리 힘들어도 조금씩이라도 미래를 위해 저축하라'라고 말한다. 책을 읽고 나서 배우자와 상의를 한다.

"어떻게 하면 더 절약하고, 더 저축할 수 있을까? 노후 준비도 해야지."

이렇게 산다면 그저 소소한 행복만을 인생의 낙으로 여기며 살아가야 한다. 소소한 행복들에 대해 부정적인 의견을 내려는 것이 아니다. 다만 이런 방식으로는 평생 경제적으로 자유로워질 가망이 없다는 뜻이다.

평생 주어진 일에 성실하게 임하고, 끊임없이 노력해왔다고 생각하지만 결과는 노후 대비조차 제대로 안 되어 있는 현실을 깨닫게 된다. 학교에서, 부모님에게서 배운 것처럼 성실하게 일하고 절약하며 아등바등 살았는데 왜 이렇게 되었을까? 대체 어디서부터 잘못된 것일까?

정답을 말해주자면 학교와 부모님에게서 배운 대로 했기 때문이다. 정확히 거기서부터 잘못되었다. 어른들의 가르침대로 무작정 돈을 아끼고, 성실하게 주어진 일만 해서는 절대로 경제적인 여유를 가질 수 없다.

여러 가지 이유들이 있겠지만 알고 보면 원리는 간단하다. 뉴스를 보든, 신문을 보든, 주변 사람들을 보든 경제적으로 부유한 사람들보다는 그렇지 못한 사람들이 훨씬 많다. 그리고 대부분 당신과 크게 다르지 않은 삶을 살고 있다. 절약하고, 성실하게 일하는 삶 말이다. 이쯤 되면 무언가 이상하다고 생각되지 않는가? 여기서 한 번 의심을 해보는 게 맞다. 우리가 당연하다시피 배워왔던 경제교육이, 절대 부자가 될 수 없는 교육이었다는 생각이 드는 것이 정상이다.

당신은 한 번이라도 부자에게 부자가 되는 교육을 받아본 적이 있는가? 받아보았다면 그 교육의 내용대로 살아보았는가? 아마 아닐 확률이 높다. "저 사람은 특별한 사람이야. 나랑 다른 사람이야. 저렇게까진 할 수 없어. 너무 무모해" 등의 이유로 부자들이 조언해주는 것들을 흘려듣지는 않았는가? 그렇기 때문에 당신은 아직 경제적 빈곤에서 빠져나오지 못하는 것이다.

인생의 진리가 딱 한 가지 있다면 '인과관계'를 꼽고 싶다. 이 세상에 경제적 여유를 가진 사람이 전체 인구 중 1퍼센트, 경제적 부담을 안고 살아가는 사람이 99퍼센트라고 가정해보자. 99퍼센트 사람들의 삶의 방식과 행동을 그대로 따라 하면서 1퍼센트의 인구에 속하고 싶어 하는 것은 애초에 어불성설이다. 이것이 현실이다.

사회는 점점 힘들어지고, 경제적 빈곤에 빠지는 사람들의 비율은 점점 높아질 것이다. 이 말은 곧 당신이 평범한 삶을 추구하는 이상 경제적 빈곤에 빠질 확률이 점점 높아진다는 의미다. 그렇다면 우리는 어떻게 해야 할까? 왜 우리는 항상 돈이 부족할까? 경제적 여유를 가지려면 어떻게 살아야 할까?

해답은 간단하다. 지금 당장 평범한 삶에서 벗어나라.

좋은 돈 VS 나쁜 돈

돈이 없어도 행복해질 수 있다고 자신을 속여서는 안 된다.
- 사토 도미오

세상에 돈을 싫어하는 사람은 없다. 돈이 있어야 생계도 유지할 수 있고, 사고 싶은 차도 살 수 있고, 취미생활도 할 수 있고, 여행도 다닐 수 있다. 이 사실을 모르는 사람은 없다. 그럼에도 불구하고 왜 우리는 유독 돈에 대한 욕심을 부정적으로 생각할까? 예를 들자면 이런 식이다.

"부자들은 전부 다 나쁜 사람이다. 선량한 사람들의 등을 치며 돈을 번다."
"돈에 미친 사람들은 상종을 하지 마라. 유유상종이다. 그러다 너도 사기꾼처럼 된다."

이 극단적인 예시를 보면서 사람들은 대부분 자신은 그렇지 않다고 생각할 것이다. 그러면 다시 질문을 해보자. 당신은 아래의 글에서 '이기적인 부자'와 '선량한 가난뱅이' 중 어떤 사람을 선택하겠는가?

'이기적인 부자'는 본인의 이익만 알고 살아왔다. 다른 사람들에게는 한없이 인색하고, 본인에게는 이익이 된다면 법을 어기지 않는 선에서 어떤 일이든 다 해왔다. 그 덕분에 굉장히 많은 부를 쌓았고, 현재는 돈에 구애받지 않으면서 본인이 하고 싶은 일을 다 하며 살고 있다. 최근에는 사회적으로 인정받고 싶은 욕심이 생겨 저소득층에게 기부활동도 왕성히 하고 있다.

한편 '선량한 가난뱅이'는 인성이 반듯하고 타인을 배려할 줄 안다. 본인의 이익보다는 주변 사람들의 시선에 모든 정신을 쏟는다. 사치를 부릴 줄 모르고, 돈의 유혹에 넘어가지 않는 것에 대해 큰 자부심을 가지고 살아간다. 하지만 그런 태도로 인해 항상 돈에 쪼들리며 산다.

자, 당신이라면 어떤 사람이 되고 싶은가? 만약 도움을 받을 수 있다면 둘 중 누구에게 도움을 받겠는가? 고민이 될 수도, 의외로 빠른 답변이 나올지도 모른다. 그렇다면 이 사례를 통해 우리는 어떤 깨달음을 얻을 수 있을까.

'좋은 돈과 나쁜 돈으로 나뉘는가?'

이런 질문에 대해 한번 생각을 해봐야 할 것 같다. 아직은 확신이 서지 않을 것이다. 그렇다면 좀 더 실질적인 예시를 들어보자.

당신의 가족 중 한 명이 큰 병에 걸려 병원에 입원을 했다. 수술을 해야 하는데 수술비용이 없어서 안절부절못하고 있는 상황이다. 당장 수술을 하지 않으면 생명을 위협할지도 모른다. 평소 절친했던 '선량하지만 가난한 친구'는 밤새 나를 위로해주지만 실질적으로 나에게 도움을 주지는 못한다. 그때 성공한 사업가이지만 소비자들을 우롱하면서 돈을 번다는 이유로 주변 사람들에게 항상 비난을 받던 친구 한 명이 찾아온다.
"요즘 자선사업을 하고 있는데, 아버지 수술비용 내가 지원해줄게."

삼류 드라마 같지만 이런 일이 절대 없으리란 법은 없다. 어쨌든 우리는 선택을 해야 한다. 이 경우 '소비자들을 우롱해서 번 돈'을 '아버지 수술비용'으로 사용하는 것이 된다. 이런 상황에서 우리는 나쁜 돈을 받는다는 죄책감을 느낄 필요가 있을까? 이 돈은 과연 좋은 돈일까, 나쁜 돈일까? 벌 때에는 나쁜 돈, 쓸 때에는 좋은 돈인가? 그렇다면 좋은 곳에 쓰일 줄 모르고 사업가에게 돈을 낸 소비자는 우롱당한 소비자인가, 선량한 소비자인가? 원래는 우롱당한 소비자였는데, 돈이 좋은 곳에 쓰이는 순간 선량한 소비자가 된 것인가?

이건 말도 안 되는 소리다. 질문 자체가 잘못되었다는 말이다. 애초에 세상에 좋은 돈, 나쁜 돈은 없다. 1,000만 원은 1,000만 원일 뿐이다.

좋은 1,000만 원, 나쁜 1,000만 원은 없다. 당신의 지갑 속에 있는 돈이 과연 좋은 돈이라고 떳떳하게 말할 수 있는가? 머릿속에 혼란이 올 것이다.

"나는 사람들에게 선한 영향력을 끼치고 싶어. 그렇기 때문에 이런 식으로 돈을 벌어서는 안 돼. 자신에게 떳떳하게 돈을 벌고 싶어."

대체 어떻게 돈을 벌어야 떳떳한 것일까? 어떤 물건을 10만 원에 사서 20만 원에 팔면 사기꾼이고, 15만 원에 팔면 선량한 사업가인가? 그렇다면 정가가 10만 원인 물건을 열심히 발품 팔아 5만 원에 사서 15만 원에 파는 사람은 사기꾼인가, 선량한 사업가인가?

확실히 알아두자. 만약 '떳떳한 돈'의 정의를 이런 방식으로 내린다면 사람들은 아무 노력도 하지 않을 것이다. 자신이 10만 원짜리 물건을 열심히 발품 팔아 5만 원에 샀는데 추가로 얻어지는 것이 없다면 누가 그런 노력을 하겠는가? 그러면 또 이렇게 이야기하는 사람이 있을지도 모르겠다.

"열심히 발품을 팔았다는 것은 노력을 했다는 거니까 괜찮죠. 어쨌든 원래 정가는 10만 원이잖아요."

질문을 달기 시작하면 끝이 없다. '열심히 발품을 파는 것'에 대한 정의는 어떻게 내릴 것이냐는 말이다. 그리고 '정가'라는 것은 결국 누가 정한 것인가? 공장에서 물건을 납품해오는 사람? 공장에서 물건을 만든 사람? 물건 제작을 의뢰한 사람? 물건을 필요로 한 소비자? 결국 본인 자신을 포함한 세상 모든 사람들을 사기꾼으로 만드는 셈이다.

사람들은 "착한 부자가 되고 싶다"라는 이야기를 많이 한다. 물론 여러 가지 의미가 있겠지만 개인적으로 사람이 착한 것과 부자가 되는 것은 다른 문제라고 본다. 앞에서도 이야기했지만 부자는 돈과 관련된 선택의 자유를 가진 사람이다. 착한 돈과 나쁜 돈의 경계가 없는 상황에서 착한 부자와 나쁜 부자를 나누는 것 자체가 의미가 없다. 따라서 돈을 버는 것과 착한 사람이 되는 것은 완전히 별개로 접근해야 한다.

이번에는 철저히 돈을 버는 관점에서 다시 생각해보자. 당신이 사업을 하든, 직장에서 영업을 하든 돈을 벌기 위해서는 사람들에게 파는 상품에 가치를 부여해야 한다. 우리 자신을 포함한 소비자들은 바보가 아니다. 단순히 좋은 상품이라고 해서 무조건 구매하지는 않는다. 머릿속으로 '이 금액으로 살 만한 가치가 있는 상품인가?'를 계산해보고 구매한다.

당신이 기부단체를 운영하는 것이 아닌 이상 사람들은 자신이 필요로 하는 실용적인 가치에 상응하는 금액을 주고 상품을 구매할 것이다. 우리가 10만 원짜리 물건을 20만 원에 팔든, 100만 원에 팔든 사람들은 그 물건이 원래 얼마였는지에 대해서는 관심이 없다. '이 상품을 100만 원 주고 살 가치가 있는가?'에 대해서만 고민할 뿐이다. 만약에 소비자가 100만 원을 주고 살 만한 가치가 있다고 느끼고 상품을 구매한다면 우리는 전혀 죄책감을 느낄 필요가 없다는 뜻이다.

"그렇다면 상품을 과대포장 할 수도 있지 않나요? 일단 소비자가 비용을 지불할 가치를 느끼도록 객관적인 정보가 아닌 좋은 말만 할 수 있잖아요. 이건 진짜 사기 같은데…….”

아, 물론 거짓말을 해서는 안 된다. 그러면 진짜 사기꾼이 된다. 하지만 과대포장에 대한 생각은 다시 해볼 필요가 있다.

음식점 메뉴판의 먹음직스러운 음식 사진을 생각해보라. 실제 주문했을 때 그 모습 그대로 나오는 곳이 몇 곳이나 되는가? 쇼핑몰의 마네킹이나 모델이 입은 옷을 보고 마음에 들어서 구매했다가 낭패를 본 적은 없는가? 화려한 예고편을 보고 영화를 보러 갔다가 실망한 적은 없는가? 보험관리사나 펀드매니저의 말을 듣고 상품에 가입했다가 손해를 보고 해지했던 적은 없는가?

이런 것들은 우리가 사는 세상에서 흔히 겪는 일들이다. 착하게 살고 싶겠지만 원래 세상은 이렇게 돌아간다. 이 모든 것을 사기라고 치부하고 나쁜 돈이라고 생각하면 마케팅·세일즈 전문가들은 모두 전문 사기꾼이 된다. 하지만 자본주의 경쟁사회에서 마케팅을 하지 않으면 아무도 알아주지 않는다. 일단 사람들이 와야 선한 영향력을 퍼뜨릴 것 아닌가. 정말 아직도 착한 부자가 되고자 한다면 일단 돈부터 벌기 바란다. 선입견을 버려라. 착한 돈, 나쁜 돈은 애초에 존재하지 않는다.

돈은 일하는 시간에 비례하지 않는다

돈에 대해서 대부분의 사람들이 아는
유일한 기술은 열심히 일하는 것뿐이다.
- 로버트 기요사키

사람들이 무분별하게 믿는 것이 있다. 바로 일하는 시간과 수익이 비례한다는 것이다. 우리는 어렸을 때부터 성실함과 인내, 끈기를 강요받아 왔다. 이런 사회 속에서 이런 가치관이 주입된 것은 어쩌면 당연한 일일지도 모른다. 그러나 고(故) 신영복 선생이 "공부는 틀에 갇힌 생각을 깨부수는 것"이라고 말했던 것처럼, 우리도 틀에 갇힌 가치관을 부수어야 한다. 나는 돈과 일하는 시간이 절대 비례하지 않는다고 믿는 사람 중 하나다.

먼저 노동의 정의를 알아보자. 네이버 국어사전에 의하면 '노동'의 뜻은 '사람이 생활에 필요한 물자를 얻기 위해 육체적 노력이나 정신적 노력을 들이는 행위'라고 되어 있다. 여기에 나의 마음을 대변하는 듯한 예시가 하나 나와 있다.

'한 달 동안 야근을 했지만 월급은 그대로다. 노동과 임금은 정비례하지 않나 보다.'

단순히 노동량과 수익이 비례하지 않는 사례는 굳이 설명하지 않아도 주변에서 쉽게 찾을 수 있다. 잘 모르겠다고? 일용직 근로자, 시간제 아르바이트생을 제외한 일반 회사원들에게 물어보라.

많은 회사원들이 하루에도 몇 번씩 회사를 그만두고 싶다는 생각을 한다. 정해진 월급 이외의 야근수당이나 특근수당이 전혀 없는 경우가 많기 때문이다. 회사에 큰 수익을 가져다줘도 성과급마저 제대로 챙겨주지 않는 경우도 허다하다.

우리가 실제로 체감하는 부분 외에 통계적인 수치를 통한 객관적인 자료도 찾아볼 수 있다. 경제협력개발기구OECD의 자료에 의하면 우리가 살고 있는 대한민국은 항상 노동시간 1~2위를 다투지만, 평균임금은 20위 밖을 맴돈다. 이것만 봐도 노동시간과 임금이 비례하지 않는다는 사실을 알 수 있다.

"그건 우리나라의 정치인들이 제대로 일을 못해서 그런 것 같은데요?"

이렇게 말하는 사람도 있을 것이다. 억울한 현실에 누구라도 탓하고 싶겠지만, 안타깝게도 노동시간이 최상위권에 들어가 있는 국가들은 평균임금이 중하위권에 머무른다. 노동시간이 높은 것에 대한 반발이라면 몰라도 노동시간과 평균임금이 비례하지 않는다는 명제에 대해서는 마냥 정치인들을 탓할 수만도 없다는 뜻이다. 인정하기 싫어도 어쩔 수 없다. 이제는 우리가 아무리 열심히 일을 해도 월급이 오를 거라는 보장이 없다.

"그럼 대체 어떻게 하라는 건가요? 열심히 일해도 월급이 안 오른다면 아무 노력도 할 필요가 없나요? 그냥 평생 가난하게 살라는 건가요?"

이렇게 물어보는 사람도 있을 것이다. 평생 가난하게 살아야 한다고 말할 거였으면 애초에 나는 책을 쓰지 않았을 것이다. 여기에 대한 해답을 얻기 위해 이번에는 '노력'과 '노동'에 대한 정의를 비교해보자.

많은 사람들이 노동과 노력의 의미를 혼동한다.

노력 = '목적'을 이루기 위해 몸과 마음을 다해 애를 씀
노동 = 사람이 '생활에 필요한 물자'를 얻기 위해 육체적 노력이나
정신적 노력을 들이는 행위

노력은 '목적'에 중점을 두는 반면, 노동은 '생활에 필요한 물자'에 중점을 둔다. 노력은 노동에 비해 훨씬 광범위하다. 간단히 비교 정의 하자면 노동은 '당장의 보수'가 있는 일을 하는 것에 가깝다. 노력은 보수가 없더라도 본인의 목적과 관련이 있는 모든 분야를 포함한다. 나는 이

사실에 대해 새로운 정의를 내렸다. 여기서부터는 이해가 안 되더라도 일단 끝까지 읽어보기 바란다.

'노력의 방향이 올바를 때 수익은 노력의 양에 비례한다.'

지금쯤 머릿속이 혼란스러울 것이다. '당장의 보수를 바라보고 하는 일은 돈에 비례하지 않고, 보수가 없는 노력은 수익과 비례한다고? 무슨 말도 안 되는 소리야?'라고 생각할 수도 있다. 또 어쩌면 말장난으로 느껴질 수도 있다.

혹시 자기계발서나 성공한 위인들의 자서전에서 이런 식의 글을 본 적 없는가?

'부모님의 잔소리에도 불구하고 나는 끊임없이 꿈을 위해 노력했다.'

'주변 사람들은 당장 돈도 안 되는 것을 왜 하느냐며 나를 이해하지 못했다.'

이런 내용은 자기계발서나 위인전에 거의 빠지지 않고 등장한다.

흔히 성공한 사람들은 남다른 행동, 특이한 행동을 많이 한다. 예를 들면 당장 '보수가 없는 노력' 같은. 오히려 없는 돈을 억지로 끌어다가 펑펑 써가면서 무언가를 배우거나, 누구를 만나거나, 실험 또는 개발 등을 하기도 한다. 주변에서는 그런 모습이 당연히 이상해 보일 수밖에 없다. 열심히 일해서 돈을 벌고, 절약해야 한다는 우리의 가치관과는 정반대의 행동이기 때문이다. 이 모든 행동들을 노동이라고 볼 수는 없지만, 노력이라고 볼 수는 있다.

그렇다면 모든 노력들이 수익과 직결될까? 그렇지는 않다. 내가 내린 정의에서 '노력의 방향이 올바를 때'라는 말을 굳이 앞에 붙인 이유는 수익을 내는 데 있어서 어쩌면 노력의 양보다 방향이 더 중요할지도 모른다고 생각하기 때문이다. 성공한 사업가들은 성공 아이템을 찾기까지 많은 시행착오를 겪고, 성공한 직업인들은 자신의 적성과 꿈을 찾기 위해 시간과 돈을 쓴다. 그러므로 젊은이들이 이런 질문을 하는 것은 당연하다.

'나는 꿈이 없는데, 대체 뭘 해야 하지? 지금 하는 일이 정말 내 꿈일까? 지금 하는 노력이 모두 헛된 것은 아닐까?'

이 모든 질문들은 노력의 방향을 찾는 하나의 과정이다. 다시 한 번 명심해야 할 것은, 노력의 방향을 찾는 과정은 헛된 시간이 아니라는 것이다. 우리가 그토록 원하는 '좋아하는 일로 먹고살기'를 실현시킬 수 있는 가장 중요한 과정이다. 노력의 방향을 제대로 찾는다면 우리는 좋아하는 일을 하며 먹고살 수 있을 뿐만 아니라 노력하는 만큼 그에 비례하여 수익도 얻을 수 있다. 너무나 이상적인 일 아닌가. 눈치 챈 사람들도 있겠지만, 노력의 방향은 우리가 통상적으로 말하는 '꿈'과 같은 의미로도 쓰일 수 있다.

'노력의 방향을 찾는 과정 = 꿈을 찾는 과정'

개발도상국의 경제성장기를 겪은 기성세대들은 아직도 노동시간과 수익이 비례한다고 굳건히 믿고 있을 것이다. 하지만 그 시대와 지금은 확연히 다르다.

"요즘 젊은이들은 노력이 부족해."

자신이 기성세대라고 생각한다면 이런 말은 더 이상 하지 말자. 노력의 방향을 찾을 여유도 주지 않고, 꿈을 꾸라고 알려주지도 않았으면서 말이다.

자신이 아직 젊은 세대라고 생각한다면 하루빨리 현실을 깨우치고, 노동이 아닌 노력에 집중해야 한다. 노력만 하기에는 생계가 위태롭다면 노동과 노력을 병행해야 한다. 그렇지 않고서는 절대 경제적인 늪에서 벗어날 수 없다.

절대 '돈이 부족하다'고 생각하지 마라

부정의 생각을 버리고 긍정을 가질 때
당신이 무엇을 원하든 당신은 얻을 수 있다.
- 론다 번

'돈이 없다'라는 것은 구체적으로 무엇을 의미할까? 다시 질문해보자. 우리는 돈을 왜 아낄까? 단순히 부모님이 아끼라고 해서? 미래를 대비하기 위해서? 무슨 이유에서건 그것은 중요치 않다. 여기서 중요한 것은 우리가 '돈을 아낄 때 하는 생각과 행동들'이다.

혹시 《시크릿》이라는 책을 본 적이 있는가? '수 세기 동안 단 1퍼센트만이 알았던 부와 성공의 비밀'을 알려주는 전 세계적인 베스트셀러이자 스테디셀러다. 이런 대단한 책에 적혀 있는 글을 얼핏 보면 황당해서 기가 막힐 정도다.

"마음에 어떤 생각이 일어나든지, 바로 그것이 당신에게 끌려오게 된다."

"풍요와 부에 관해 생각하고, 그와 상반되는 생각은 마음에 들어오지 못하게 막았다."

"지금까지 당신은 삶이 힘겹고 전쟁 같다고 생각했을지 모른다. 그래서 끌어당김의 법칙에 따라 힘들고 전쟁 같은 삶을 경험했을 것이다."

저자가 이 책에서 말하고자 하는 것은 긍정적인 생각을 끊임없이 하고 거기에 간절한 믿음이 덧붙여졌을 때 온 우주가 그 꿈을 도와준다는 것이다. 이 모든 것들을 포함한 '끌어당김의 법칙'은 몇 가지 안 좋은 사례들을 생각해보면 더 쉽게 이해된다.

'난 안 돼', '난 할 수 없어'라는 부정적인 생각은 결국 그 사람이 원하지 않던 일을 끌어당긴다. 인생에서 누구나 반드시 한 번쯤 일이 계속 꼬이고, 슬럼프에 빠지는 시기가 있다. 이런 부정적인 일들은 당신이 인식했든 못했든, 고작 생각 하나에서 비롯된다. 안 좋은 생각 하나가 무의식적으로 그와 같은 생각을 더 끌어당기고, 그로 인해 결국 나쁜 일이 벌어진다.

이 책의 내용에 공감하는 사람도 있겠지만, 대부분은 극히 추상적이라고 느껴질 것이다. "간절히 원하면 온 우주가 돕는다"라는 뜬구름 잡는 말은 당장 먹고살기도 힘든 사람으로서는 이해하기 힘들 수도 있다.

그렇다면 이번에는 조금 더 현실적인 방향으로 이 명제에 접근해보

자. 당신은 무언가를 '간절히 원할 때' 어떤 생각을 하는가? 어쩌면 짝사랑과 비슷할지도 모른다. 짝사랑하는 상대를 하루 종일 생각하는 것처럼 '그 무언가'에 대해 하루 종일 생각하고, 어떻게 하면 가질 수 있을지 끊임없이 고민한다. 이런 생각을 하는 사람들은 공통적으로 어떤 행동양식을 보일까?

보통은 자신의 인생에서 겪은 직접경험(자신이 직접 체험한 경험) 또는 간접경험(책이나 강연, 주변 사람들에게서 보거나 들은 경험)을 반영한 행동을 보인다. 본인의 직간접 경험들을 통해 바라본 '짝사랑을 하는 사람'의 이상적인 행동양식을 머릿속으로 정해놓고 그와 같이 행동한다.

예전에 짝사랑을 하던 사람에게 고백을 했다가 차였던 직접경험이 있다면, '짝사랑은 짝사랑일 뿐이야'라며 누구를 만나도 애초에 겁을 먹고 고백하지 않을지도 모른다. 반대로 직접경험은 없지만 주변 사람들에게서 짝사랑의 성공스토리를 계속 반복해서 듣는다면 '나도 그 사람들처럼 잘될 거야'라는 믿음이 생겨 고백을 할 확률이 높다.

이번에는 우리가 고백을 받는 입장이라고 생각해보자. 당신에게 고백하는 사람의 직간접 경험에 대해 속속들이 알 수 있을까? 그 경험들이 당신이 고백을 받아줄지 말지를 결정하는 데에 영향을 끼칠까? 아마도 아닐 것이다. 우리는 그 사람의 경험을 알지 못할뿐더러 안다고 해도 그 경험이 나의 결정에 큰 영향을 끼치는 경우는 거의 없다. 반면 고백 자체를 해오지 않는다면 우리는 짝사랑의 존재 자체도 알 수 없다. 그러므로 성공 확률은? 당연히 제로다.

다시 원래의 주제로 돌아가서 이 문제를 돈에 대입해보자. 우리가 돈을 간절히 원한다면 어떤 생각을 하게 될까? 그 생각을 하면서 우리는 어떤 행동양식을 보이게 될까?

어떻게 하면 돈을 벌 수 있을지, 부자가 될 수 있을지 하루 종일 고민할 것이다. 그리고 본인의 직간접 경험을 통해 바라본 '부자가 된 사람들'의 행동양식을 그대로 따라 하게 된다. 이 무의식에 의한 절차들은 우리가 의도적으로 진행하는 것이 아니다. 본능적으로 생각하고, 몸이 반사적으로 행동하는 것이다.

간절히 원하면 어떤 상황에서든 끊임없이 관련된 생각을 하게 되고, 그 생각은 곧 행동으로 이어진다. 물론 그 모든 행동들이 부로 이어지는 것은 아니다. 그러나 애초에 부자가 되기 위한 행동조차 하지 않는다면 부자가 될 확률은 얼마나 될까? 역시 제로다.

이번에는 다시 현실로 돌아와 우리가 자주 생각하는 것을 살펴보자. 무언가를 사고 싶은데 돈이 부족하지는 않은가? 하고 싶었던 수많은 일들이 돈 때문에 좌절되지는 않았는가? 이런 과정 속에서 우리의 뇌는 항상 '돈이 부족하다'는 생각을 하게 된다. 무의식적으로 '돈이 없다'는 생각을 끊임없이 하고 있는 것이다.

자, 아까 말한 절차를 그대로 밟아보자. 당신의 직간접 경험을 통해 떠올려지는 '돈이 없는 사람'의 이미지는 어떠한가? 웃고 있는가, 인상을 찌푸리고 있는가? 옷은 깔끔하게 입고 있는가, 구질구질하게 입고 있는가? 말투는 명랑한가, 어눌한가? 자세와 행동은 당당해 보이는가, 무기력해 보이는가?

무의식적으로 돈이 없다는 생각을 계속 하면 돈이 없는 사람들의 무기력한 표정과 행동, 말투를 본능적으로 따라 하게 된다. 실용심리학에서는 이 시스템을 NLPNeuro-Linguistic Programming, 신경언어프로그래밍라고 부르기도 한다. 인간의 뇌는 컴퓨터처럼 프로그래밍 되어 있어서 부정적인 생각을 하면서 웃는 표정과 당당한 자세를 취하기 어렵고, 긍정적인 생각을 하면서 우울한 표정을 짓거나 소심한 태도를 취하기 굉장히 어렵다고 한다. 의심이 된다면 다음 사항을 따라 해보길 바란다.

1 어깨를 쫙 펴고, 고개를 들어 하늘을 쳐다보라. 그 상태로 최대한 활짝 웃는 표정을 짓고, "좋았어!"라고 외친다.

2 다음에는 이 태도를 그대로 유지한 채 과거의 우울한 일들을 생각해보라.

생각처럼 잘 되지 않을 것이다. 당신의 당당하고 밝은 행동이 뇌의 프로그램에 따라 '나는 기분이 좋다'라는 신경을 연결하고 있기 때문이다. 혹자는 나에게 이런 질문을 던질지도 모른다.

"저는 항상 부자가 되고 싶다는 생각을 하는데, 왜 항상 돈이 부족하죠? 당신의 말대로라면 저는 부자가 된 사람들처럼 행동하면서 돈을 벌고 있어야 하는 것 아닌가요?"

이런 사람들에게 한 번 더 말해주고 싶다.

"지금도 여전히 돈이 부족하다고 생각하고 있잖아요."

당신이 어떤 회사의 사장, 인사담당자 또는 투자자라고 생각해보자. 돈이 없다고 항상 표정과 행동에 가난함이 묻어나는 사람의 미래를 기대해보겠는가, 아니면 돈은 없어도 항상 당당한 태도를 가지고 부자가 될 것이라는 확신을 가진 사람에게 기대를 걸어보겠는가?

베스트셀러, 재무설계사들의 음모

과거에는 바보들이 돈을 뜯기곤 했다.
하지만 이제는 모든 사람들이 그러고 있다.
- 아들라이 스티븐슨

자본주의 사회에서 사람들의 돈에 대한 관심은 끊이지 않는다. 그래서 사람들의 돈에 대한 관심을 이용해 돈을 버는 사람들 또한 항상 존재해 왔다. 대표적인 예로 '재무설계'라는 아이템을 바탕으로 한 교육과 컨설팅, 책과 강의를 이용한 사업 연계 등이 있다. 여기에 대해 좀 더 자세히 알아보자.

요즘 하루가 멀다 하고 수많은 재테크·투자 서적들이 쏟아져 나오고 있다. 베스트셀러 칸에 있는 절반 이상의 책들이 재테크, 투자, 부자, 창업에 관한 주제들인 것을 보면 요즘 사람들의 관심사가 돈이라는 것을 한눈에 알 수 있다. 부자가 되기 위한 공부를 하면서 나 역시 이런 주제의 서적들을 꾸준히 읽어오고 있지만, 새로 나오는 책들 중 특별히 더 새로운 지식을 담고 있는 경우는 굉장히 드물다. 그만큼 시중에 이런 책이 너무 많이 나와 있고, 더 이상 새로운 생각을 해내기가 어렵기 때문일 것이다.

그렇다면 왜 이렇게 뻔한 내용들, 이미 나와 있는 책들과 비슷한 내용들을 굳이 제목과 겉표지만 바꿔가면서 출간하는 것일까? 애초에 저자들이 책을 쓰는 목적이 인세보다 퍼스널브랜딩에 있기 때문이다.

책을 내는 사람들의 입장에서 생각해보면 여러 가지 이점들이 명확하게 있다.

첫째, 저자라는 명성과 함께 전문가라는 인식이 생긴다.

둘째, 컨설팅과 강연 요청이 들어온다.

셋째, 본인의 사업과 연계시켜 수익을 창출한다.

그렇다면 강의는 어떨까? 사람들은 보통 무대 위에 서 있는 사람을 보면 은연중에 전문가 또는 배울 것이 있는 사람으로 생각한다. 물론 전혀 틀린 것은 아니지만, 강의를 듣고 책을 보기 전에 염두에 두어야 할 사항이 있다.

흔히 '재테크·투자 전문가'라고 할 만한 사람들은 대부분 그들이 말하는 방법으로 부자가 된 것이 아니다. 그들은 자신의 전문 분야에서 소정의 성과를 낸 뒤 그 주제로 책을 내거나 강의를 해서 수익을 낸 사람들이다. 재테크·투자로 부자가 된 것이 아니라는 말이다. 강의 자체로 수익을 창출하는 전문 강사들도 많고, 더 나아가서 교육프로그램이나 자신의 사업과 연계시켜 부자가 된 사람들도 많다. 다시 말해 책과 강의라는 매개체를 이용해 자신의 사업을 홍보·마케팅 하는 것이다. 우리가 읽고 듣는 책과 강의는 상당수가 이러한 목적을 위해 만들어진다. 사업가들의 입장에서 책과 강의는 돈을 받으며 자신을 홍보하고, 사람들에게 인정까지 받게 해주는 최고의 수단이 아닐 수 없다. 이 말은 또 다음과 같이 해석할 수도 있다.

'재테크·투자 관련 책이나 강의 내용을 그대로 자신에게 적용시킨다면 부자가 되기 어렵다.'

모든 책이 그런 것은 아니지만, 현실적으로 대부분 그렇다. "따라 하면 소정의 성과라도 낼 수 있지 않을까요?"라고 물을 수도 있지만, 현실적으로 불가능에 가깝다. 저자가 소정의 성과를 낸 시기와 책이 나온 시기는 이미 시간적으로 괴리감이 있고, 이런 사람들의 성과는 대부분 과대포장 되어 있기 때문이다.

자칫 내 말이 세상에 믿을 책과 강의는 없는 것으로 비춰질 수도 있다. 하지만 내 말은 책과 강의를 절대 믿지도, 보지도 말라는 뜻이 아니다. 이런 상황에도 불구하고 우리는 계속 책을 읽고 강의를 들어야 한다. 그러다 보면 어느 순간 진짜 도움이 되는 책을 고를 수 있는 분별력이 생기고, 강의를 선별할 수 있는 안목이 생기기 때문이다. 최신 트렌드를 습득할 수 있는 가장 좋은 방법 또한 독서와 강의를 듣는 것이다.

이번에는 재무설계라는 아이템을 통해 돈을 버는 사람들을 살펴보자. 내가 군 생활을 처음 시작하고 월급을 받기 시작할 무렵, 부대에서 무료로 경제교육을 해준다는 소식을 들었다. 당시 열아홉 살의 나는 종자돈을 마련하는 방법이라고는 은행의 적금밖에 알지 못했다. 아무것도 모르는 나에게 그 강의는 정말 신세계처럼 느껴졌다.

명문대학을 졸업하고, 외국에서 MBA까지 마치고 온 강사가 말해주는 대로만 한다면 정말 평생 돈 걱정 없이 여유롭게 살 수 있을 것만 같았다. 이 강의가 전문용어로 '세미나 영업', '그룹 세일즈'라고 불린다는 사실을 알기 전까지는 말이다. 내 인생에서 처음으로 경제교육을 시켜준 그 멋진 강사는 강의가 다 끝난 후 이런 말을 덧붙였다.

"우리나라를 지켜주시는 군인 분들 덕분에 저희가 이렇게 발 뻗고 살 수 있다고 생각합니다. 그래서 저희 회사에서는 감사하다는 의미로 국군 장병 분들에게 매년 재무설계를 무료로 해드리고 있어요. 지금부터 종이를 나눠드릴 텐데 간단한 강연 후기와 함께 연락처를 적어주시면 뛰어난 경제전문가들이 개개인별로 연락을 드릴 겁니다."

나는 정말 기뻤다. '군인이라고 아무도 인정 안 해주는데, 저 사람은 좋은 사람이구나'라는 생각까지 들었다. 그래서 주어진 종이에 '최고의 강연이었다'는 찬사와 함께 내 연락처를 썼다. 그리고 약 일주일 후, 재무설계사라는 사람에게서 연락이 왔다. 이 사람은 나에게 만나기 편한 곳을 묻고, 비싼 커피까지 사주더니 무료로 상담을 해주었다. 앞으로 어떻게 재무 계획을 세우고 저축을 해야 하는지도 친절히 알려주었다.

그는 내 월급과 생활 패턴, 미래 계획에 맞는 완벽한 포트폴리오를 구성해주었다. 그 방식은 철저한 분산투자였다. 단기적금 상품은 금리를 0.1퍼센트라도 더 많이 주는 은행 상품을 추천해주고, 급여 통장은 CMA로 만들라고 했다. 그 외에도 중기, 장기 저축으로 나눠 7년 이상 꾸준히 납입하면 비과세로 바뀌는 상품에 가입했다. 주식은 위험하니까 대신 전문가가 투자해준다는 펀드와 보험에도 가입했다.

재무설계사는 소정의 수수료가 들긴 하지만 몇 년 후에 재산이 엄청나게 불어나 있을 것이라며 수익 예상 차트를 보여주었다. 설명을 듣다 보니 사회생활을 일찍 시작한 내가 너무나 대견했고, 벌써 성공한 인생이 된 것 같았다. 그는 또 이렇게 말했다.

"많은 금액이 중요한 것이 아니라 꾸준히 오래 저축하는 시간이 중요해요. 복리 아시죠? 젊을 때에는 저축을 하고 남는 돈으로 쪼개고 쪼개서 사셔야 합니다."

하지만 시간이 얼마 지나지 않아 깨달았다. 이와 같은 방법으로는 절대 부자가 될 수 없다는 사실을 말이다. 나의 첫 투자는 참혹할 정도로 형편없었다. 재무설계사의 말대로 꾸준히 투자했던 펀드상품에서 -10퍼센트의 결과를 얻는 동시에 수수료는 별개로 꾸준히 나가고 있었다. 3년 동안 아득바득 저축하고 열심히 모았지만 원금도 건지지 못했다.

재무설계사에게 말해봤자 소용없었다.

"원래 떨어졌을 때 더 사셔야 해요. 적립형이잖아요. 최소 7년에서 10년 이상 봐야 하는 상품입니다."

더 이상 그 사람의 말을 믿을 수 없었다. 엄청난 충격이었고, 너무도 분했다. 무언가 잘못되었다는 느낌이 들었다. 사건의 전말은 이러했다.

첫 번째, 재무설계사들은 적금, 보험, 펀드 상품을 팔기 위해 은행이나 증권사, 보험사에서 고용한 사람들일 뿐 절대 부자가 아니었다.

두 번째, 그래서 그들에게는 부자가 되어본 경험이나 노하우가 전혀 없었다. 그들은 회사에서 교육받은 자료를 토대로 그저 고객들에게 상품을 판매하기 위해 노력하는 영업사원일 뿐이었다.

세 번째, 경제교육을 해줬던 그 고학력의 전문가는 부대에서 강의료를 받고, 상품 판매 확률이 높은 대상들(나를 비롯한 군인)을 재무설계사들과 연결시켜 주면서 그에 대한 대가를 추가로 받았다. 막상 본인은 우리에게 알려준 상품에 가입하지 않았다.

돈을 잃고 나서 한참 후에야 나는 이 사실을 깨달을 수 있었다. 깨닫고 나서 돌이켜보니 주변에 펀드와 보험, 저축만으로 부자가 되었다는 사람은 본 적이 없었다. 먹고사는 데 지장이 없을 정도라면 모를까 절대 부자가 되기 힘든 전략이었다. 물론 정말 인생을 바꿔줄 만한 책과 강의도 분명히 있다. 경제력을 상승시켜줄 수 있는, 제대로 된 재무설계사들도 당연히 존재한다.

그렇다면 이런 상황들 속에서 정말 나에게 도움이 되는 콘텐츠와 사람들을 만나기 위해 우리가 해야 할 일은 무엇일까? 최대한 많은 '경험'을 쌓는 것이다. 끊임없이 많은 책을 읽고, 많은 강의를 들어보고, 다양한 사람들을 만나면서 통찰력을 키워야 한다.

당연히,
돈만으로는
행복해질 수 없다

행복은 돈으로 살 수 없지만, 가난으로도 살 수 없다.
- 레오 로스텐

첫 번째 책 《만나는 사람을 바꿔야 인생이 바뀐다》를 출간한 이후 두 번째 책 《돈기부여》를 계약하고 나서 나를 진심으로 아껴주시는 분들이 이런 말들을 많이 해주셨다.

"작가님은 돈에 대한 욕심이 엄청 많으신가 봐요. 책이랑 강연에서 돈과 성공에 대한 이야기가 항상 주를 이루네요. 그런데 너무 돈만 좇다 보면 인생의 진짜 행복들을 놓쳐요. 돈이 인생의 전부는 아니에요."

이런 말들과 함께 인문학 서적을 추천해주시기도 한다. 다음 글은 나에게 관심을 가져주시는 고마운 분들에게 전하는 나의 솔직한 변명이자, 가치관이자, 대답이 될 것 같다.

> "백 억을 번다고 다 행복하기만 하지 않을 겁니다. 중요한 건 얼마나 좋은 학벌을 가지고 있느냐, 얼마나 많은 돈을 버느냐가 아닙니다. 기준점을 바깥에 두고 남을 따라가느냐, 아니면 안에 두고 나를 존중하느냐일 겁니다."
>
> (《여덟 단어》 中 발췌)

내가 재독(다시 읽는)하는 정말 몇 권 안 되는 책 중에 박웅현 작가의 《여덟 단어》라는 책이 있다. 이 책을 좋아하는 이유는 속세에 찌든 마음을 정화시켜주는 따뜻한 글감 때문만은 아니다. 지극히 실용적인 책을 좋아하고, 뜬구름 잡는 말만 하는 책들을 지독하게 싫어하는 나에게는 이 책이 그나마 가장 실용적인 인문학 서적이 아닌가 싶다. 이 책을 읽은 후 생애 처음으로 '시와 문학'이라는 분야에 관심이 생겼고, 고전들에 입문하게 되었으며, 예술작품들의 아름다움에 대해 다시 한 번 깊이 생각해보게 되었다. 이 책을 읽기 전에는 인문학이라는 것이 읽으면 읽을수록, 들으면 들을수록 어려운 학문이라고만 느꼈었는데 박웅현 작가를 통해 인문학은 '공부해야 하는 머리 아픈 것'이 아니라 '행복의 수단으로 사용하는 도구'라는 사실을 깨달았다.

이 책을 처음 봤던 시기는 《돈기부여》를 기획하고 있을 때였다. 당시 글이 잘 안 써져서 머리나 좀 식힐까 하고 봤던 책에 예상치도 못하게 빠져들었다. 그리고 정말 감사하게도 그때부터 '돈'과 '인문학'에 대해서 동시에 생각해볼 수 있었다. 돈이란 무엇인가, 인문학이란 무엇인가, 누군가가 말하는 것처럼 인간의 본질을 추구하면 정말 돈은 중요치 않을까?

인문학이란?
'인간의 사상과 문화를 대상으로 하는 학문 영역'
'시간이 지나고, 과학이 아무리 발전해도 변하지 않는 인간의 본질을 탐구하는 것'

나는 인문학을 잘 모른다. 인문학에 관련된 유명한 책과 강연들을 아무리 찾아봐도 여전히 어렵다. 얼핏 보면 정말 단순한 것 같은데 '인간의 본질'이라는 것, 생각하면 할수록 어렵다. 책에 나오는 대로 일상 속에서 느껴보기 위해 최대한 노력해봐도 솔직히 아직 잘 모르겠다.

다만 내가 알고 있는 인간의 본질 중 하나는 우리가 결국 '행복'을 추구한다는 것이다. 그리고 사람마다 행복에 대한 자신만의 기준, 그 기준을 이루기 위해 알고 있는 방법들, 그 방법들을 실행하는 속도, 기본적으로 가지고 태어나는 조건이 제각기 다르기 때문에 모든 사람들의 삶이 달라진다는 것이다. 나 역시 당연하게도 인생의 목표는 단 하나, '행복한 삶'이다. 그리고 내 행복의 기준은 '하루 24시간 동안 내가 살고 싶은 대로 사는 것'이다. 이것이야말로 '완벽한 자유'라고 믿는다. 이 말에는 모든 의미들이 내포되어 있다.

'완벽한 자유'라는 것은 생계에 지장이 없을 정도의 연금을 받아 24시간 동안 '일하지 않고 쉴 수 있는 자유' 따위가 아니다. 24시간 동안 하고 싶은 일을 마음껏 기획/실행할 수 있어야 한다. 가고 싶은 곳에 지금 당장이라도 갈 수 있어야 한다. 먹고 싶은 음식을 먹을 수 있고, 사랑하는 사람과 같이 있고 싶을 때 아무것도 고려하지 않고 같이 있을 수 있어야 한다. 그리고 이 기준(완벽한 자유)을 이루기 위해 내가 알고 있는 방법은 이런 것들이다.

먼저 돈이 있어야 한다. 당연한 말이지만 돈이 있으면 단순히 돈 때문에 하는 일들로부터 당장이라도 자유로워질 수 있다. 돈이 있다고 해서 세상의 모든 것을 100퍼센트 할 수는 없지만 '거의' 모든 것을 할 수 있고, 인생을 살면서 생기는 모든 문제는 아니지만 '거의' 모든 문제는 돈으로 해결이 가능하다. 이 사실들은 아무도 부정할 수 없다.

또한 나는 '인정받고 싶은 욕구'가 있어서 다른 사람들의 우러러보는 시선을 즐기고, 비싼 물건들을 사고 싶어 한다. 예를 들자면 도심 속의 고급 펜트하우스나 스포츠카와 같은, 굳이 필요 없지만 갖고 싶은 것들 말이다. 생리적인 욕구만큼이나 인정받고 싶은 욕구 또한 인간의 큰 본능이라고 생각하기에 이 사실을 애써 부정하고 싶지도, 좋게 포장하고 싶지도 않다. 그러나 이건 추가적인 욕심이지 오직 비싼 물건을 사고, 다른 사람들의 우러러보는 시선 때문에 부자가 되고 싶은 것은 절대 아니다. 오해하지 않았으면 한다.

나는 자본주의 사회에서의 돈은 인생이라는 도화지에 그려져 있는 낙서와 같다고 생각한다. 돈으로부터 자유로워진다는 의미는, 인생이라는 도화지에 '행복'이라는 그림을 그리기 위해 낙서되어 있는 것들을 지우는 과정이다.

돈이 많다고 해서 그 자체로 행복해지는 것이 아니다. 돈은 행복이라는 그림을 그리기 위해 지워야 하는 낙서일 뿐이다. 따라서 자신이 그리고 싶은 행복의 기준이 그리 크지 않다면 굳이 많은 낙서를 지울 필요는 없다. 어느 정도 자기가 그릴 행복의 크기만큼만 지우고 바로 자신이 그리고 싶은 것들을 그려나가면 된다. 예를 들어 자신이 하루에 6시간 정도만 자유시간이 있으면 되고, 집에서 TV를 보는 것 정도로 충분히 행복할 수 있다면 그 정도만 낙서를 지우면 된다.

한편 나와 같은 성향을 가진 사람들의 경우 행복의 기준이 '24시간 완전한 자유'라서 그릴 것들이 많은 만큼 낙서를 최대한 많이 지워야 한다. 이 과정에서 다른 사람들에 비해 돈을 더 많이 추구하는 것처럼 보일 수 있다. 다시 한 번 말하지만 돈이 행복이라고 생각해서가 아니라 그려야 하는 행복의 기준이 다른 사람들에 비해 크기 때문에 낙서를 많이 지워야 하는 것이다.

당연히 평생 낙서를 지우기만 한다면 행복해지기 어렵다는 사실쯤은 나 역시 안다. 낙서를 지우는 것에만 집중하다가는 행복을 그릴 시간도 없을뿐더러 과하게 욕심을 부리면 종이에 구멍이 뚫릴 것이다. 정해놓은 행복의 크기를 그릴 만큼만 '적당히' 낙서를 지우고 나면 깨끗해진 공간에 행복을 잘 그리기 위해 집중할 줄도 알아야 한다. 급하다고 대충 그리다 보면(급하게 쾌락만 좇다 보면) 그것 또한 다시 낙서(빚, 경제적 부담)가 되어 다시 지워야 할지도 모르니 말이다.

이번에는 인문학에 대해 생각해보자. 우리가 그리고 싶은 행복들은 인문학과 많은 연관이 있다. 조금 구체적으로 분리하면 '자아실현', '인간관계', '인격수양'이라고도 할 수 있고 더 쪼개보자면 꿈, 사랑, 가족, 여행, 예술, 문화, 역사 등 많은 것들이 포함된다. 이렇게 인문학에 대해 생각해보면서 느낀 것이 있다. 내가 그토록 원하는 행복은 '완벽한 자유' 속에서 언제든지 이 모든 것들을 탐닉할 수 있는 삶을 사는 것이라는 사실이다.

'인문학'이라는 것은 지금 당장 추구해서 단기간에 끝내야 할 숙제가 아닌, 평생 그려나가며 즐겨야 할 행복의 수단인 것이다. 반면 '돈'이라는 낙서를 지우는 것은 단발성 숙제다. 한번 제대로 지워놓고 집중해서 행복을 잘 그려나간다면 누가 와서 또 낙서를 하지 않는 이상 지우는 것에 굳이 더 힘을 쏟을 필요가 없다. 아직도 이 사실을 깨닫지 못한 사람들은 "돈은 행복의 전부가 아니야!"라고 말하면서 평생 낙서로 꽉 차 있는 도화지를 껴안고 산다. 행복을 그릴 공간도 제대로 만들어보지 못한 채 말이다. 반면 이 사실을 빨리 깨달은 사람들은 자신이 원하는 행복을 그려나가기 위해 낙서를 먼저 지워야 한다는 사실을 명확하게 깨닫고 이를 실행한다. 그리고 결국 깨끗해진 공간에 자신의 행복을 그려나간다.

그렇다면 당신은 어떤 사람이 되고 싶은가? 낙서로 꽉 차 있는 도화지를 껴안고 살아갈 것인가, 아니면 현실을 인정하고 낙서를 지워나갈 것인가?

누구와 어울려야 하는가?

너의 가장 친한 친구 다섯 명의 평균 연봉이 너의 연봉이다.
- 짐 론

2016년 12월 31일에 출간된 내 애증의 첫 책 《만나는 사람을 바꿔야 인생이 바뀐다》에서 나는 '세계 최고의 동기부여 전문가'라는 꿈을 선포했다. 이 꿈에 대해 누군가는 감동했을 것이고, 또 누군가는 신랄하게 비웃었을 것이다. 그러나 내가 할 수 있는 일은 그 사람들의 말에 일일이 반응하는 것이 아니라 선포한 꿈에 대해 책임을 지는 일이었다. 다행히도 나는 그 방법을 알고 있었다. 그것은 바로 '그 꿈을 먼저 이룬 사람들에게 조언을 구하는 것'이었다.

나는 세계 최고의 동기부여 전문가라고 불릴 만한 사람들을 선별해 롤모델로 삼고, 그들의 강연 영상과 책을 보기 시작했다. 해외에 있는 분들이라 군인의 신분으로 직접 만나 조언을 구하기는 힘들었지만, 직접적인 조언은 아니더라도 그들의 공통점은 파악할 수 있었다.

1단계 더 이상 이렇게 살기는 싫다며 괴로운 현실에서 벗어나고자 했다.

2단계 끊임없이 자신에게 질문을 던지고, 어떻게 하면 현실에서 벗어날 수 있을지 고민했다.

3단계 고민한 결과를 실행했다.

4단계 실패를 피드백으로 여기며 다양한 방법으로 성공할 때까지 도전했다.

정말 간단해 보이지 않는가? 나 또한 그러했고, 우리나라의 수많은 자기계발서 저자들 또한 이 범주 내에서 크게 어긋나는 법이 없다. 사실상 어긋날 수가 없다. 거꾸로 말해 이 공식을 그대로 따르기만 한다면 우리는 성공한 인생의 주인공으로 살아갈 수 있다. 그렇다면 어떻게 해야 이 공식을 따라 할 수 있을까?

어차피 3단계부터는 크게 문제가 되지 않는다. 이미 실행력이 생긴 사람들은 실패했다고 해서 곧바로 멈춰버리는 경우가 드물기 때문이다. 우리는 1~2단계만 제대로 수행하면 된다. 그중에서도 가장 중요한 것은 1단계, 고통을 제대로 이해하고 느끼는 과정이다.

고통과 우리의 행동에 대해 좀 더 깊숙하게 알아보도록 하자. 우리는 인생에서 수많은 선택을 한다. 여기에 대해서는 크게 의심할 여지가 없다. 굳이 논리정연하게 이해를 시키지 않아도 다들 알고 있을 것이다.

지금 이 순간마저도 이 글을 끝까지 읽을지, 말지 고민하고 있을 것이기 때문이다. 선택의 기준은 항상 고통과 즐거움이다. 고통을 앞에 쓴 이유는, 무언가 선택을 할 때 고려하는 우선순위에서 즐거움보다 고통의 비중이 크기 때문이다. 그래서인지는 몰라도 군인들의 훈련 중 '동기부여'라고 불리는 대부분의 행위들은 고통과 연관이 되어 있다. 시키는 무언가를 하지 않거나 하지 말라고 하는 행동을 하면 어떻게든 고통을 주는 시스템이다.

좀 더 극단적인 예를 들어보면, 사람들의 머리에 총구를 갖다 대고 지시를 한다면 따르지 않는 사람은 거의 없을 것이다. 단, 독립투사들의 경우는 조금 다르다. 그들이 총을 무서워하지 않고 본인들의 신념을 지켰던 이유는 나라를 잃는 것이 본인의 죽음보다 더 고통스럽게 여겨졌기 때문이다.

고통이 없는 상황에서는 순수하게 '어떤 것이 나에게 더 큰 즐거움을 주는가?'라는 기준에 따라 선택을 한다. 하지만 실제 삶 속으로 들어가 보면 고통이 전혀 없는 상황은 굉장히 드물다. 심지어 즐거운 주말에 좋아하는 사람과 맛있는 음식을 먹으러 간다고 해도 우리는 '가격 대비' 맛있는 음식에, '최대한 가까우면서' 좋은 전망을 가진 음식점을 찾는다. 마냥 즐거운 생각만 하는 것 같지만 좀 더 깊이 생각해보면 무의식적으로 큰돈을 쓰는 것과 멀리 가는 것에 대한 부담, 즉 고통을 감안하고 있다는 사실을 알 수 있다.

결국 우리가 하는 선택과 행동은 대부분 고통의 정도에 의해 무의식적으로 좌우된다. 그래서인지 한동안 강연시장과 독서시장에서 '○○의 독설'과 같은 독설 시리즈가 인기를 끌기도 했다. 사람들의 행동에 변화를 일으키는 가장 쉬운 방법이 바로 '현재의 행동을 고통과 연결시키는 것'이니까.

이와 관련하여 다음의 예시를 한번 살펴보자.

"너 그렇게 게임만 하다가는 나중에 취업도 못 하고 먹고살기 힘들어."
>>> 현재의 행동 >>> 고통

"지금 저축 안 하면 나중에 결혼도 못 하고 집도 못 사."
>>> 현재의 행동 >>> 고통

우리가 살면서 정말 자주 들었던 말들이다. 그리고 많은 사람들이 "저는 이런 말을 수없이 들었는데도 변화하지 못했는데요?"라고 반문할 것이다. 변화하지 못한 가장 큰 이유는 두 가지로 추려볼 수 있다.

첫 번째, 내가 생각해낸 고통이 아닌 남이 먼저 생각해낸 고통이다.(고통에 대한 확신이 없다.)

두 번째, 즐거움은 현재에, 고통은 미래에 연결되어 있다.(고통은 시간과 반비례한다.)

먼저 첫 번째 경우를 보면 사람들은 누군가의 말만 듣고서는 그 고통에 대해 확신하지 못한다. '이렇게 살면 나중에 엄청 힘들겠지'라는 확신이 아니라 '일리 있는 말이네' 정도로 이해하는 것이다. 더 심각한 문제는 사람의 뇌는 이런 말들을 반복해서 듣다 보면, 미래의 고통에 대해 확신하게 되는 것이 아니라 현재 그런 말을 듣는 상황 자체를 고통으로 인식해버린다는 것이다. 이때부터는 철저히 잔소리로만 들린다.

두 번째 경우 조금 더 복잡하다. 미래의 고통을 확신한다고 해도, 우리의 뇌는 기본적으로 더 가까운 미래를 예민하게 인식한다. 예를 들면 이렇다. 우리가 다이어트를 결심했다면 지금 당장 먹는 양을 줄이고 운동을 해야 한다. 하지만 결코 쉽지 않은 일이다. 지금 당장 해야 하는 절제와 운동은 현재의 고통과 연결되어 있고, 좋은 몸매를 가진 나의 모습은 막연한 미래로 느껴지기 때문이다. 반면 맛있는 음식을 먹고 TV를 보는 행동은 현재의 즐거움으로 인식되어 강한 유혹을 느낀다.

당연한 이야기 같지만, 실제로 우리는 이런 이유들 때문에 마음먹었던 목표에 다다르지 못하고 중간에 쉽게 포기해버리곤 한다. 이 과정에서 가장 위험한 것은 이렇게 잦은 포기를 반복하다 보면 새로운 목표를 계획하는 것 자체도 고통으로 인식하게 된다는 사실이다. 그래서 많은 사람들이 무기력함에 빠져 "난 어차피 해도 안 될 거야", "그런 건 애초에 타고난 사람들만 가능한 거라고"라는 말을 한다. 이제는 새로운 것에 도전하고 싶은 마음조차 사라지게 되는 것이다.

그렇다면 긍정적인 변화에 확신을 가지고, 현재에 즐거움을 느끼면서 행동을 변화시킬 수 있는 방법은 없을까? 다행스럽게도 많은 전문가들이 이 의문에 대한 수많은 연구를 진행하고 해답을 내놓았다. 많은 의견과 연구 결과들이 책, 강연, 논문 등으로 발표됐지만 그중에서도 모든 심리학자들과 동기부여 전문가들이 공통적으로 제시하는 해답이 있다.

'내가 원하는 삶을 이미 살고 있는 사람들, 나와 같은 목표를 추구하는 사람들을 만난다.'

"성공하고 싶다면 성공한 사람들을 만나라", "멘토를 만들어라", "친구를 잘 만나라", "만나는 사람을 바꿔야 인생이 바뀐다"라는 이야기가 자기계발서에 항상 빠지지 않고 나오는 것은 이런 이유 때문일 것이다. 자기계발서는 도전과 실패 자체를 고통으로 여기지 않고 즐거움으로 여기는 사람들, 미래에 대한 확신을 가진 사람들의 이야기를 항상 담기 때문이다.

우리는 유년기 시절, 대부분 부모님과 가장 많은 시간을 보낸다. 그런 다음 학교에 진학하게 되면서 친구들, 선생님들과 가장 많은 시간을 보낸다. 그렇기 때문에 특별한 경우가 아닌 이상, 성인이 되기 전에는 부모, 친구, 선생님의 역할이 가치관과 성격 등에 많은 영향을 끼친다. 하지만 성인이 되면 상황이 완전히 달라진다. 즉, 집과 학교에 있는 시간보다는 밖에서 보내는 시간이 늘어나게 된다. 이 말은 곧 성인이 된 이후로는 나와 가장 많은 시간을 보내는 사람을 직접 선택할 수 있다는 의미이기도 하다.

성인이 되면 매일 PC방에 다니는 친구와 하루 종일 어울릴 수도, 하루가 멀다 하고 음주가무를 즐기는 친구를 사귈 수도, 불평불만과 다른 사람에 대한 뒷담화가 일상화된 사람을 곁에 둘 수도 있다. 반면 이런 사람들과 어울릴 수도 있다. 항상 새로운 도전을 하며 성장하고, 밤새 책과 강의에 대한 이야기를 하기도 하며, 미래의 행복과 현재의 성장에 대한 확신을 가진 사람들.

요약하자면 행동은 결국 고통과 즐거움이라는 기준을 두고 선택하는 것이다. 그리고 대부분의 선택은 사실상 고통에 좌우된다. 그렇다면 어떻게 고통이라는 것을 이용해서 선택과 행동을 원하는 방향으로 이끌어낼 수 있을까?

우리가 이제껏 수많은 조언을 듣고, 동기부여를 받고, 책을 읽으면서도 행동을 변화시키지 못한 이유는 미래의 행복을 위한 현재의 고통이 너무 컸기 때문이다.

긍정적인 변화에 대한 확신을 가지고 현재에 즐거움을 느끼면서 행동을 바꿀 수 있는 방법이 있다. 바로 내가 원하는 삶을 이미 살고 있는 사람들, 나와 같은 목표를 추구하는 사람들을 만나는 것이다. 우리는 성인이기 때문에 만나는 사람을 주도적으로 선택할 수 있다.

다시 한 번 자신에게 질문해보자.

'나는 어떤 삶을 살고 싶은 걸까? 그렇다면 어떤 사람들과 많은 시간을 보내야 하는가?'

정말 힘들다면 딱 한 가지에만 몰두하자

역경 속에서도 계속 의욕을 가져라.
최선의 결과는 곤경 속에서 나오는 경우가 많다.
- 마틴 브라운

아무리 정신력이 강하다고 해도 사람이기 때문에 우리는 한순간 무너질 때가 있다. 그럴 때에는 에너지가 넘치는 사람들을 꾸준히 만나는 것이 가장 좋은 방법이지만, 그것에 덧붙여 한 가지를 더 제안하고 싶다.

'딱 한 가지에만 집중해보기.'

어떤 사람들에게는 '소속감', '책임감'이라는 단어가 자기 자신을 멋있는 사람으로 보이게 하는 단어일지도 모른다. 물론 이런 감정을 느끼면서, 집단 속에서 업무에 보람을 느낄 수도 있을 것이다. 그래서인지 많은 직장인들이 회식 장소나 공식 석상에서 이런 식의 말을 하곤 한다.

"저는 이 회사에 다니는 것이 자랑스럽습니다.(소속감) 제가 맡은 업무에 대해 열정을 가지고 최선을 다하겠습니다!(책임감)"

"우리는 모두 같은 배를 탄 한 팀입니다.(소속감 부여) 모든 개개인이 업무에 자부심을 가지고 열심히 임할 때 우리 모두 함께 성장할 수 있을 것입니다.(책임감 부여)"

집단주의적 사고를 그다지 선호하지 않는 나는 이런 단어들이 끔찍하게 싫었다. 어떻게 본인의 삶을 희생하면서까지 집단을 위해 책임감을 가지고 일할 수 있는지 이해가 되지 않았다. 오히려 나는 이런 생각까지 해본 적도 있다.

'일을 아무리 열심히 한들 어차피 월급은 정해져 있고, 이 일을 배운다고 내 꿈에 도움이 되는 것도 아니다. 그렇다면 여기서 내 가치를 올리는 방법은 일하는 시간을 최소한으로 줄이는 것뿐이다.'

책임감, 소속감, 사회적 인식 등의 비수치적인 것들을 제외하고 봤을 때 이 생각은 흠 잡을 곳이 없었다. 좀 더 수학적으로 계산해보자면 이렇다.

월급 200만 원을 고정적으로 받는다고 했을 때 하루 여덟 시간을 열심히 일하면 나의 시급은 만 원이 조금 넘는 수준이다. 그런데 일하는 시간을 줄여서 네 시간만 일한다고 치면 시급은 정확히 두 배로 뛰어 2

만 원 이상이 된다.

200만 원 ÷ 22일(한 달 출근일) = 90,900원
90,900원 ÷ 8시간 = 11,300원(하루 8시간 일할 때 시급)
90,900원 ÷ 4시간 = 22,600원(하루 4시간 일할 때 시급)

이 공식을 발견한 후부터는 나의 가치를 높이기 위해 출근해 있는 내내 최선을 다해 농땡이를 피우기 시작했다. 어떻게 하면 일을 최대한 안 하고 미룰 수 있을까 연구했다. 이렇게 해서 내 삶의 질이 좀 더 나아졌을까? 당연히 아니었다. 이 실험을 시작한 지 얼마 지나지 않아 이 공식이 사람을 부정적이고, 무기력하게 만든다는 사실을 깨달았다. 인간의 삶은 단순히 수치로만 계산할 수 있는 것이 아니었음을 나는 그때 알았다.

100퍼센트는 아니지만 대부분의 성공한 사람들은 공통적으로 이런 말을 한다.

"지금 하는 일이 비록 마음에 들지 않더라도 항상 최선을 다하라. 최선을 다하는 것은 습관이 되고, 그 습관이 너를 성공하게 만들 것이다."

이 글귀는 항상 큰 고민거리였다. 자기계발서의 저자들은 항상 같은 편이라고만 생각했는데 그들이 나와 다른 생각을 이야기하고 있었기 때

문이다. 물론 저 말이 절대 틀리지 않다는 사실은 직관적으로 알 수 있었다. 무슨 일이든 최선을 다하는 사람이 인생에서 실패할 확률은 당연히 높지 않을 테니 말이다. 하지만 알면서도 따를 수 없었다. 모든 일에 최선을 다할 수 있다면 가장 좋겠지만 나는 그럴 만한 에너지도, 체력도 부족했다.

그때 당시에는 '미래만 준비하기에도 충분히 벅찬데, 어떻게 억지로 하는 현재의 일과 미래를 위한 자기계발 둘 다 최선을 다하라는 거야?'라고 생각했었던 것 같다. 그래서 그냥 일단 좋아하는 일 하나에만 최선을 다해보기로 했다. 그리고 나만의 가치관을 세우기에 이르렀다.

'지금 하는 일 중 하나라도 최선을 다하자. 그러면 자연스럽게 다른 일도 열심히 하게 될 것이다.'

이렇게 생각하니 마음이 오히려 편해졌다. 처음에는 일과시간에 적당히 혼나지 않을 정도만 일을 하고, 퇴근하면 본격적으로 자기계발을 시작했다. 책도 맘껏 읽고, 하고 싶은 공부도 실컷 해보고, 운동도 충분히 했다. 이렇게 퇴근 후의 삶을 열정적으로 즐기다 보니 어느 순간 마음이 한층 가벼워지기 시작했다. 과학적으로 설명하기는 어렵지만, 마음이 편해지기 시작한 후부터는 업무에 대한 스트레스도 자연스레 줄고 차츰차츰 의욕도 살아나기 시작했다.

누군가가 심하게 압박해서 그런 것도 아니고, 갑자기 전에 없던 책임감과 소속감을 가지게 된 것도 아니었다. 그저 좋아하는 일에 최선을 다하다 보니 어떤 일이든 대충대충 하는 것이 조금은 어색해지는 느낌이었다. 결국 혼신을 다하는 정도까지는 아니었지만 꽤 열심히 일하게 되었다. 한마디로 적정선을 찾은 느낌이었다. 그렇게 새로운 가치관에 만족하던 중 우연히 어떤 심리학자의 강연에서 이런 말을 들었다.

"우울증이나 매너리즘에 빠져 의욕이 없는 사람들이 가끔 저를 찾아오곤 합니다. 그런 분들에게는 어떤 말을 해드려도 별로 도움이 되지 못합니다. 그래서 저는 그분들에게 딱 한 가지만 말씀드리죠. '일주일 동안 하루에 딱 한 번씩만 신발 정리를 하세요. 하루도 빠지지 말고요. 이게 전부입니다.' 의아해하던 사람들은 이게 무슨 해결책이냐며 구시렁거리다가도 일주일 후면 저를 다시 찾아와서 말합니다. '신발 정리를 일주일 동안 하루도 빠지지 않고 했어요. 다음엔 뭘 할까요?'라고 말이죠."

처음부터 너무 많은 것을 해내려고 하면 당연히 힘들 수밖에 없다. 이럴 때에는 딱 한 가지 규칙을 정해놓고 무조건 그것만 지켜라. 육체와 정신이 건강한 상태에서는 무엇을 어떻게 하든 상관이 없다. 하지만 정신력이 떨어진 상태에서 많은 일을 벌려놓고 모든 일에 최선을 다하는 것은 누구에게나 힘든 일이다. 운동을 할 때에도 하루에 팔굽혀펴기 열 개씩 하루도 빠지지 않고 해보고, 책을 읽을 때에도 하루에 20페이지씩만 꾸준히 읽어보자. 이런 규칙을 세워놓고 작은 성공을 계속 이루어나가다 보면 점점 확신이 생기게 된다.

'나도 할 수 있는 사람이구나.'

'정말 하면 되는구나.'

이런 식으로 현재 하는 행동 중 하나에서라도 즐거움과 확신이 생기면 삶 전체의 에너지가 높아진다. 흥미로워진다. 재미와 의미가 같이 생긴다. 삶이 이렇게 행복해지기 시작하면 일에도 의욕이 생기는 것은 당연한 결과다. 그러면 마냥 지긋지긋하기만 하던 업무도 달리 보이게 된다. 그러므로 정말 힘들 때에는 모든 일을 당장 완벽하게 해내려고 하지 말고 하고 싶은 일 딱 하나만, 부담 없이, 꾸준히 최선을 다해보길 바란다. 그러다 보면 자연스럽게 다른 일에도 의욕이 생긴다.

CHAPTER 2

미친 듯이 써라!

돈 ✢ 기 ✢ 부 ✢ 여

너무 많은 고민을
바깥으로 돌리지 말고
자신이 정말 사고 싶은 게 있다면
지금 사고, 하고 싶은 게 있다면
지금 당장 하라. 그것이야말로
행복을 위한 가장 효율적인
방법이다.

갖고 싶은 것이 있으면 당장 사라

재산은 가지고 있는 자의 것이 아니고, 그것을 즐기는 자의 것이다.
- 하우얼

돈이란 무엇인가? '내가 갖고 싶은 것을 갖게 해주는 교환권'이다. 따라서 우리는 종이쪼가리에 불과한 돈을 추구할 것이 아니라 '돈으로 할 수 있는 것'을 추구하며 살아야 한다. 단순히 돈만 추구하며 산다면 돈만 많은 부자는 될지언정 진정으로 행복한 사람은 될 수 없다.

돈은 뚜렷한 목적이 있는 상태에서 벌어야 한다. 그렇게 번 돈을 간절히 원하던 목표를 위해 사용하는 쾌감을 느낄 줄 알아야 한다. 이 연습은 부자가 되고 싶어 하는 우리에게 매우 중요하다.

2016년, 나는 이 지긋지긋한 삶을 바꾸기로 마음먹었다. 그 후 수많은 도전을 했지만 결국 가장 기억에 남는 일들은 평생 '처음 해본' 경험들이었다. 당시 나는 청담동에서 말도 안 되는 가격의 머리 손질을 받고, 최고급 소재의 정장과 요일별로 입을 셔츠도 맞췄다. 또 유명한 연예기획사 대표의 비공개 결혼식에 참석하기도 하고, 생애 처음으로 호텔에서 식사를 해보기도 했다. 살면서 한 번도 상상하지 못했던 최고급 펜트하우스와 멤버십 회원만 갈 수 있는 리조트의 펜션에서 하룻밤을 지내기도 했다.

그 이후로 나의 인생은 180도 달라졌다. 지금껏 살아온 인생은 정말 아무것도 아니었다. 이 글을 본 누군가는 나에게 이런 말을 할지도 모른다.

"꼭 비싼 머리를 하고, 비싼 옷을 입고, 비싼 음식을 먹어야만 행복한가요? 저는 지금도 행복한데요."

당연히 그럴 수 있다. 실제로 부자들 중에도 돈을 거의 쓰지 않는 사람은 많으니까. 하지만 그렇기 때문에 우리는 이러한 체험을 꼭 해봐야 한다. 돈은 우리에게 '선택할 권리'를 준다. 물론 저렴한 음식을 좋아할 수도 있지만, 비싼 음식을 먹는다는 것은 완전히 '새로운 경험'이다. 그냥 끼니를 때우는 것 이상의 가치가 있다는 말이다. 우리가 여행을 왜 좋아하는지 생각해본다면 쉽게 이해가 될 것이다.

서울대 심리학과 최인철 교수님은 한 강의에서 "인간은 일상에서 벗어나는 경험을 할 때 가장 행복해질 확률이 높다"고 말했다. 나는 돈을 벌어야 하는 이유가 사실상 여기에 있다고 본다. 우리는 일상에서 벗어난 새로운 것들을 경험해보기 위해 부자가 되어야 한다.

'비싸기만 하고 어차피 별거 없을 거야'라고 생각하며 세상의 많은 경험들을 미리 차단한다면 많은 행복의 기회들을 놓치게 된다. 인간은 삶에 질문을 던지지 않을 때부터 본격적으로 늙기 시작한다. 즉, 늙으면 호기심이 없어진다.

당신도 어렸을 때에는 세상의 모든 것들에 질문을 던지고, 호기심을 가졌던 적이 있지 않은가? 나이가 들면서 현실에 순응하고 많은 호기심들을 스스로 접으며 위안을 삼고 있지는 않은가?

우리는 어렸을 때부터 '욕심 없이 현실에 만족할 줄 알아야 행복하다'고 배워왔다. 사회는 우리의 마음속에서 우러나오는 욕망을 감추고, 표출하지 않고, 현재에 만족하는 것처럼 사는 모습을 이상적으로 느끼게 만들었다. 대학에 가고, 제때 취업하고, 제때 결혼하고, 제때 아이를 낳는 등등의 모든 천편일률적인 삶의 방식이 행복의 척도라고 주입시켰다. 이제는 이런 주입식 사회교육에서 벗어나야 할 때다. 삶의 주인은 언제나 자기 자신이 되어야 한다. 스스로가 행복해지는 삶의 기준을 정립해나가는 것을 인생의 묘미로 여겨야 한다. 조금 무리를 해서라도 평소 사고 싶었던 것들을 꼭 사보길 바란다. 그 후에 "별거 없네"라고 말해도 충분히 늦지 않다.

사람들이 돈을 쓸 때 멈칫하는 가장 큰 이유가 두 가지 있다.

첫 번째는 경제적인 효율성, 즉 들인 노력에 비해 얻는 결과의 비율이 높은지를 따지기 때문이다. 단순히 갖고 싶어서 구매를 하는 것에는 불안감을 느끼는 것이다. 물론 돈의 양이 제한적일 때에는 효율성을 따져서 더 좋은 물건을 구매하는 것이 이상적이다. 하지만 대부분의 사람들은 지나치게 효율성만을 따진 나머지 평범한 일상에서 벗어나는 경험을 하지 못한다.

작년에 나는 친구와 제주도로 3박 4일간 여행을 다녀온 적이 있다. 당시 여행을 가기 전 비행기를 예약하고, 숙소를 잡고, 렌터카를 알아보는 과정에서 문제가 생겼다. 나는 여행을 간 김에 오픈카를 빌려서 제대로 기분을 내보자고 했고, 친구는 금액이 너무 비싸다며 비효율적이라고 했다. 물론 이해는 되었다. 국산 중형차에 비해 렌트 비용이 약 세 배 정도 비쌌기 때문이다. 하지만 나 역시 포기할 수 없었다. 서로를 납득시키지 못해 가위바위보를 하기로 했고, 내가 이겨서 우리는 결국 오픈카를 빌리게 되었다. 비용적인 면에서 굳이 따져본다면 누가 봐도 비효율적인 선택이었다. 하지만 우리는 이 한 번의 선택으로 생각보다 훨씬 많은 것들을 얻을 수 있었다.

여행을 가면 어디에 가장 많은 시간을 쓴다고 생각하는가? 압도적으로 이동시간이 가장 많은 시간을 차지한다. 난생처음 타본 오픈카는 단순한 이동시간이 될 뻔했던 시간들을 새롭고 재밌는 경험으로 바꿔놓았다. 오픈카를 타는 사람들의 기분도 느껴볼 수 있었고, 오픈카가 어떤 구조로 만들어졌는지, 어떤 장단점이 있는지 속속들이 알 수 있었다. 이뿐만이 아니다. 엄청나게 비싼 차는 아니었지만 굉장한 동기부여가 되었다. 여행을 다녀온 이후로도 그 차가 머릿속에 각인되어 생각날 때마다 가슴이 뛰었다. 이 느낌은 내 삶에 있어서 상상 이상의 원동력이 되었다.

'이래서 부자가 되어야 하는구나.'

'최대한 빨리 오픈카를 사야겠다.'

'진짜 열심히 해야겠다.'

만약 단순히 비용상의 효율성만을 따져서 새로운 경험을 하지 않았다면 이런 감정은 평생 느껴볼 수 없었을 것이다. 밤새 공부를 해서 피곤함을 느끼다가도 제주도에서 탔던 오픈카를 떠올리면 다시 힘이 솟아날 정도였으니 말이다. 이런 체험은 막연히 '나중에 돈 많이 벌면 좋은 차 사야지'라는 생각과는 차원이 다른 동기부여를 준다.

사람들이 돈을 쓸 때 멈칫하는 두 번째 이유는 '이 물건을 샀을 때 누군가 왜 샀냐고 물어보면 어떻게 말하지?' 하는 걱정이 들기 때문이다. 다시 생각해보자. 내가 번 돈으로 내가 사겠다는데 굳이 누군가에게 그 이유를 납득시켜야 할 필요가 있는가? 한때는 나도 이런 문제에 대해 많은 고민을 했던 적이 있다. 주변에서 "왜 그런 데다가 그렇게 돈을 많이 써?"라고 물어볼 때마다 그에 대한 합당한 이유를 어떻게든 만들려고 하고, 설득시키기 위해 노력했다. 하지만 그렇게 일일이 민감하게 반응하고 열심히 대답할수록 사람들은 더욱더 떨떠름한 표정으로 쳐다보곤 했다. 돈에 대한 가치관을 바꾸고, 뚜렷한 확신이 생기고 난 이후로 나는 다르게 대답하고 있다.

"그냥 사고 싶었어."

"그냥 재밌을 것 같아서."

여기에 당당한 표정과 제스처는 보너스다. 재미있는 사실은 이렇게 말하면 사람들이 더 이상하게 볼 것 같지만 그렇지 않다는 것이다. 오히려 다시 물어보곤 한다.

"진짜? 나도 해볼까?"

의외로 해답은 가까운 곳에 있다. 너무 효율적으로만 살려고 고민하기보다 때로는 본능이 원하는 대로 할 때 얻는 게 더 많을 수도 있다. 남들의 시선에 대한 해답을 고민하기보다 자신이 진정으로 원하는 게 무엇인지 고민하는 것이 더 효과적일 때가 있다. 너무 많은 고민을 바깥으로 돌리지 말고 자신이 정말 사고 싶은 게 있다면 지금 사고, 하고 싶은 게 있다면 지금 당장 하라. 그것이야말로 행복을 위한 가장 효율적인 방법이다.

외재적 동기부여, 돈 내기

돈은 날씨와 정반대다. 누구나 돈 이야기를 꺼려하지만
누구나 돈을 위해 무엇인가 한다.
- 레베카 존슨

약 두 달 전쯤 대구에 사는 친한 친구에게서 연락이 왔다.

"대구 사는 내 친구들 중에 진짜 또라이들 있는데, 니 한 번 만나보고 싶단다. 시간 될 때 말해주면 무조건 맞춰보겠다는데."

"그래? 네 친구들이면 만나야지. 다음 주 목요일 저녁에 시간 될 것 같긴 한데. 친구들한테 내 번호 알려줘. 직접 얘기해보고 약속 잡을게."

그리고 한 10분 정도 지났을까, 메시지가 왔다.

"안녕하세요! 재무 통해 현우 씨를 알게 된 ○○○이라고 합니다. 귀중한 시간 내주실 수 있나 해서 연락드립니다. 다음 주 중에 혹시 시간 되는 날 있으세요?"

그렇게 목요일 저녁 7시 30분, 부산 자갈치시장의 꼼장어집에서 B씨와 J씨를 처음 만났다. 우리는 가볍게 인사를 나눈 후 꼼장어에 맥주 한 잔을 곁들여 먹으며 자연스럽게 이야기를 이어나갔다. 끊임없이 열정적으로 질문하는 모습을 보니 대충 대답할 수가 없었다. 생각보다 대화가 끊이지 않고 길게 흘러갔다.

"오늘 너무 좋은 이야기 많이 들었습니다. 진짜 많이 자극받고 가네요. 후회 안 합니다."

여태까지의 경험으로 봤을 때 마지막에 이런 말을 하는 사람들은 얻어가는 것이 별로 없을 거라는 사실을 나는 잘 알고 있었다. 자극은 책에서도, 강연에서도 충분히 받을 수 있다. 하지만 수많은 책과 강연을 보고 들으며 실제로 인생이 바뀔 확률이 얼마나 될까? 거의 없다. 그래서 부산까지 찾아온 사람들의 인생에 조금이라도 변화를 주려면 제안을 해야 했다.

"부산까지 오셨는데 뭐라도 얻어 가셔야죠. 저랑 내기 하나 할까요? 올해 끝날 때까지 하는 미션을 정해서 못 끝낸 사람이 밥 사기로요. 만약에 두 분 다 미션에 성공하면 제가 살게요. 클라스 있게 호텔 스카이라운지 뷔페로, 어때요?"

"오, 괜찮은데요! 재밌을 것 같은데, 하시죠."

그렇게 2016년 말까지 J씨는 부모님에게서 독립하는 것을 목표로 잡았고, B씨는 추진하려는 사업에 관련된 시제품을 개발하고 사업자등록까지 하는 것을 목표로 설정했다. 공통적인 과제는 멘토를 찾아 같이 밥 먹는 것.

솔직히 이들이 과연 할 수 있을까 싶었다. 그렇게 엄청난 목표는 아니었지만, 나는 부모님 품을 벗어난다는 게 얼마나 어려운 일인지 잘 알고 있었다. 시제품 개발에 관한 난이도는 사실 정하기 나름이지만, B씨가 호텔 뷔페를 얻어먹으려고 마냥 쉬운 난이도로 목표를 정하지는 않으리라는 것 정도는 느낄 수 있었다. 나와의 대화에서 제대로 된 자극을 받았다면, 여태까지 생각만 하고 실제로 행동하지 못했던 미션들을 본인들 각자에게 부여했으리라 믿었다.

이 내기를 했던 가장 큰 이유 중 하나는 당시 읽던 동기부여 관련 책에 '내재적 동기'와 '외재적 동기'에 대한 내용이 나왔는데, 이를 꼭 내 눈으로 직접 확인해보고 싶었기 때문이다. 외재적 동기는 그 행동 자체에 목적을 두기보다는 행동에 대한 보상이 명확할 때 생긴다. 완벽한 연구는 아니었지만, 어쨌든 계획대로 성공한다면 충분히 사람들을 납득시킬 만한 실마리를 찾을 수 있을 것 같았다. 또한 이 스토리는 '돈기부여'라는 어원의 시작이 되었다. 우리는 이 프로젝트를 돈기부여라고 정했다, 돈으로 동기부여를 한다는 의미로.

헤어지고 난 후 1월 첫 주에 부산 서면의 롯데호텔에서 보기로 하고, 각자의 미션을 수행하며 중간중간 단체 카톡방에 올려달라고 부탁했다. B씨는 카톡방에 중간중간 개발진행 상황을 올려주었지만, J씨는 아무 말이 없었다. 나도 독립을 했는지 굳이 물어보지 않았다. 그날 자극받은 감정이 계속 이어지고 있는지 확인하기 위해 "잘 진행되고 있어요?"라는 정도로만 물어볼 뿐이었다.

2016년 12월 31일, 심판의 날이 되었을 때 솔직히 아무것도 확신할 수 없었다. 과연 다 해냈을까 반신반의하며 나는 인증샷을 올려달라고 요청했다. 어차피 호텔 뷔페는 예약해놓은 상태였으니 정말로 간절히 그들이 미션에 성공하길 바랐다. 결론은, 미션 완료. 스스로에게 뿌듯해하고, 돈기부여가 아니었다면 못해냈을 거라며 고맙다고 말하는 그들을 보고 진심 어린 희열을 느꼈다.

2017년 1월 4일, 우리는 호텔의 스카이라운지에서 다시 만났다. 개인적인 느낌이었을지 모르겠지만, 들떠 있고 설레어하는 표정을 보면서 나까지 기분이 좋아졌다. 나는 B씨와 J씨에게 무슨 생각을 하는지 물었다. 그들의 느낌은 내가 처음 고급호텔 뷔페에 갔을 때의 감정과 크게 다르지 않았다. '신기하다. 내가 이런 곳을 다 와보네. 여기서는 좀 더 매너 있게 행동해야겠지? 겉옷은 따로 맡겨야 하는 건가? 너무 많이 먹으면 구질구질해 보이진 않을까? 여기 오는 사람들은 전부 다 부잔가?' 등등.

우리는 각자 약 2개월이라는 시간 동안 정해진 목표를 위해 어떻게 달려왔는지에 대한 이야기를 천천히 하며 식사를 했다.

"돈이 걸려 있어서 그랬는지, 친구랑 같이 해서 묘한 경쟁심이 생겨서 그랬는지, 복합적인 이유였는지는 모르겠어요. 그냥 무조건 꼭 해야 할 것 같더라고요. 술에 취해 집에 가서도 컴퓨터를 켰어요. 진짜 죽을 것 같았는데, 이것도 못하면 내가 무슨 성공을 하겠냐 싶더라고요."

정확히 이런 열정과 실행력으로 딱 1년만 살면 인생은 무조건 바뀐다.

"지금 이 느낌 꼭 잊지 마세요. 만약 지난 두 달만큼의 실행력과 노력을 이런 보상 없이도 지속할 수 있으면(내재적 동기부여), 호텔에서 밥 먹는 것도 어느새 일상이 되어 있을지 몰라요. 저는 비싼 곳에서 식사를 하거나 좋은 숙소에서 잠을 잘 때마다 그런 생각을 항상 해요. 그것보다 좋은 동기부여는 없거든요."

돈을 쓰는 기준을 명확히 정하라

부란 인생을 충분히 경험할 수 있는 능력이다.
- 헨리 데이비드 소로

아껴야 하는 돈과 과감히 써도 되는 돈의 차이는 무엇일까? 여기에 대한 명확한 정의를 내리지 않고서는 자신만의 돈 쓰는 기준을 잡기가 어렵다. '저렇게 쓰면 나쁜 돈이다', '이렇게 쓰면 좋은 돈이다'라고 말하려는 게 아니다. 무조건적으로 돈을 아끼고 모으라고만 말하는 사람들의 의견에 반박하기 위해서라도 그 기준을 명확히 세워두어야 한다. 어떤 돈을 아껴야 하는지, 어떨 때 과감하게 돈을 써야 하는지에 대한 자신만의 기준이 없다면 주변 사람들의 오지랖에 흔들리기 쉽다.

흔히 오해하는 것 중 하나가 '부자들은 다 짠돌이'라는 것이다. 그런데 반은 맞고, 반은 틀리다. 정확히 말하면 부자들은 돈을 쓰는 기준이 명확하다. 아무리 돈이 많아도 굳이 쓸 필요가 없다고 생각되면 돈을 내지 않고, 돈이 조금 부족해도 꼭 써야 할 곳에는 과감하게 돈을 투자한다. 그렇다면 우리는 어떤가? 굳이 쓸 필요가 없는 곳에서는 분위기에 휩쓸려 돈을 내는 경우가 많은 반면, 돈을 정말 써야 할 곳에서는 되레 겁을 먹는다. 이런 식으로 하면 평생 제대로 돈 쓰는 재미도 못 느껴보고, 돈이 잘 모이지도 않을 것이다.

우리는 왜 돈을 제대로 쓸 줄 알아야 할까? 이것 또한 결국 행복하기 위해서다. 사람마다 행복을 느끼는 기준이 다르므로 당연히 돈을 쓰는 기준도 다를 수밖에 없다. 내가 정한 '과감히 돈 쓰는 기준'을 참고하여 여러분도 각자만의 돈 쓰는 기준을 명확하게 설정하기 바란다.

'조현우'의 과감히 돈 쓰는 기준

1 한 번도 안 해봤던 유형의 경험(안 먹어봤던 음식, 안 타봤던 차 등)

2 성장할 수 있는 경험(책, 강의, 여행, 멘토와의 식사 등)

3 새로운 사람을 만나는 경험

4 시간을 구매하는 것(내가 직접 하는 것보다 아웃소싱하는 것이 효율적일 때)

5 사랑하는 사람을 행복하게 만들어주는 경험

보면 알겠지만, 나는 '일상에서 벗어나는 경험'과 '효율적인 시간 사용'을 굉장히 중요시한다.

첫 번째, 한 번도 안 해봤던 유형의 경험에 대해 좀 더 구체적으로 설명하자면 이렇다. 나는 2~3만 원 금액대의 식당에서 자주 먹기보다 평소 1만 원 이내로 식비를 사용한다. 대신 주말이나 특별한 일이 있을 때에는 인당 최소 10만 원 이상의 비용이 드는 식사를 즐겨하기도 한다. 고급 서비스를 받을 때의 기분과 능력 있는 셰프들이 만드는 음식들을 제대로 느껴보기 위해서다. 주로 한 번도 가보지 않은 곳을 골라 간다.

제주도에 갔을 때 역시 한 번도 운전해본 적 없는 오픈카를 렌트했고, 정장을 살 때에도 고급 원단으로 만든 수제맞춤정장으로 구매했다. 돈이 많아서 그럴 수 있는 것 아니냐고 오해하지 않길 바란다. 당시 나는 약 200만 원 정도의 월급을 받고 있었다. 돈을 쓰는 정확한 기준이 없었다면 절대 그렇게 큰돈을 사용하지 못했을 것이다.

사람들이 나더러 미쳤다고 할 때에도 나는 연봉의 80퍼센트 이상을 성장할 수 있는 경험에 투자했다. 성장할 수 있는 경험, 새로운 사람을 만나는 경험에 대한 내용은 역시 내 책 《만나는 사람을 바꿔야 인생이 바뀐다》에 상세히 적혀 있다.

시간을 구매한다는 것은 '아웃소싱'이라는 시스템을 적극적으로 이용한다는 뜻이다. 예를 들어 네이버 카페의 디자인을 내가 직접 하려면 엄청나게 오랜 시간이 소요된다. 더한 문제는 그렇게 시간을 들여도 결과물이 시원치 않다는 것이다. 반면 전문 디자이너에게 소정의 비용만 지불하면 2~3일 내로 굉장히 만족스러운 결과물을 얻을 수 있다. 만약 2~3일 동안 그 비용보다 훨씬 생산적인 활동을 할 수 있다면 당연히 전문가에게 맡기는 것이 효율적이다.

사랑하는 사람을 행복하게 만들어주는 경험, 이것은 내 인생의 목표이기도 하다. 내가 사랑하는 사람들이 행복해하는 모습을 보는 것만큼 나를 행복하게 만들어주는 것은 없기 때문이다. 여기에는 가족, 애인, 친구 등이 포함된다.

이 기준들에 부합되는 상황이라면 나는 길게 고민하지 않는다. 큰 빚을 내야 하는 정도가 아니라면 모은 돈을 다 써서라도 하는 편이다. 휴대전화를 살 때에도 마찬가지다. 시중에 새로 나오는 최신형 휴대전화들의 기능은 별로 쓸 일이 없다. 지금 쓰고 있는 휴대전화도 매일 쓰는 기능만 반복해서 쓰기 때문이다. 카카오톡, 전화, 인터넷 검색, 캘린더, 메모 등 내가 자주 사용하는 기능은 어차피 거의 정해져 있다.

물론 사람들이 많이 사용하는 신형 휴대전화를 사용하면 A/S가 좀 더 수월할지도 모르겠다. 사람들과 대화가 조금 더 잘 통한다든가 말이다(딱히 그렇지는 않겠지만). 자신이 정한 과감히 돈 쓰는 기준에 '최신형 휴대전화'가 있다면 마음껏 사도 좋다. 모든 신형 휴대전화를 수집해도 상관없다. 다만 자신의 기준에도 없는 항목을 화려한 광고에 끌려 충동적으로 구매하지는 말아야 한다.

우리가 정말 과감하게 돈을 쓰려고 할 때 주변 사람들의 만류(오지랖)가 있을 수 있다. 예를 들자면 이런 식들이다.

"야, 솔직히 이 강의는 너무 비싸. 미친 짓이야."

"그냥 직접 해. 무슨 부자도 아닌데 이런 걸 돈 주고 맡겨."

"한 끼 식사에 10만 원? 그거면 치킨이 몇 마리야."

돈에 대한 기준을 뚜렷하게 잡고 있지 않으면 이런 사람들의 한 마디, 한 마디에 신경을 쓰게 된다. 그리고 흔들리게 된다. '정말 돈을 써도 될까?' 하고 말이다. 이것이 반복되면 주변 사람들은 당신이 돈을 쓰려고 할 때마다 강한 우려의 목소리를 표할 것이다. 당신의 돈 쓰는 기준이 명확하지 않다는 것을 알게 되었기 때문이다. 그렇게 과감히 쓰지 못한 돈들은 결국 쓸데없는 곳에서 쓰일 확률이 높다. 거의 100퍼센트에 가깝다. 돈을 모으는 뚜렷한 목적이 없는 상태에서, 명확한 기준 없이 돈을 써대니 당연한 일이다. 그러다 보면 결국 지갑에 있던 돈들은 어디에 어떻게 썼는지도 모르는 새 사라진다.

"그럼 가계부를 써야 하나요?"

이쯤 되면 이렇게 물어보는 사람이 있을 수 있다. 가계부에 대한 논점은 굉장히 다양하다. 여기에 대한 정답은 없지만, 나 같은 경우 가계부를 쓰지는 않는다. 세세한 금액보다는 전체적인 돈의 흐름이 중요하다고 생각하기 때문이다. 물론 가장 좋은 방법은 가계부를 쓰면서 전체적인 돈의 흐름을 이해하는 것이지만, 가계부를 쓴다고 당당하게 말하는 사람들 중에서 그런 사람은 거의 보지 못했다. 오히려 주객이 전도되어 가계부를 보지 않으면 어떻게 돈이 나가고 들어오는지 전혀 모르는 경우가 허다하다.

항상 중요한 것은 돈의 흐름이다. 가정을 경영하는 가장과 기업을 경영하는 사장은 필수적으로 어떻게 돈이 흘러가는지 꿰차고 있어야 한다. 이때 세세한 금액이 아닌 퍼센트 정도로 이해하는 게 좋다. 월수입 100만 원 중 세금 10퍼센트, 식비 30퍼센트, 차량 관리비 10퍼센트 등등. 이 정도로만 이해해도 어떤 분야의 비용을 어떻게 쓸지 충분히 방향을 잡을 수 있다. 이처럼 자신만의 돈 쓰는 기준을 뚜렷하게 잡은 상태에서 돈의 흐름을 알고 있다면 우리는 돈 쓰는 것을 겁낼 필요가 없다.

우리는 왜 돈 쓰기를 겁내는가?

명확히 설정된 목표가 없으면, 우리는 사소한 일상을 충실히 살다 결국 그 일상의 노예가 되고 만다.
- 로버트 하인라인

아직도 돈을 써도 될지 확신이 서지 않는가? 그렇다면 현재의 자기 자신을 점검해볼 필요가 있다. '당장 돈을 벌고 있음에도 불구하고 지금 가지고 있는 돈을 맘껏 쓰지 못한다', '저축을 해야 마음이 편하다'라는 것은 다르게 생각하면 '미래가 불확실하다=미래에 대한 확신이 없다'는 뜻이기도 하다. 미래의 자신에 대한 확신이 없고, 지금보다 삶이 나아질 것 같지 않으니 돈이라도 모아놔야 마음이 편한 것이다. 이런 사람들은 저축을 인생의 보험으로 생각한다. 저축만을 인생의 보험으로 생각하는 사람들의 예외 없는 공통점이 있다.

1 무언가를 전혀 배우려 하지 않는다.(자신의 능력이 전혀 성장하고 있지 않다.)

2 지금 하고 있는 생업 또는 준비하는 직업이 꿈과 연결되어 있지 않다.(안정적인 직장에 다닌다.)

이 둘 중 하나의 상황에 반드시 처해 있는 것이다. 아무것도 배우지 않고, 공부하지 않고, 노력하지 않는 사람은 당연히 자신의 미래가 불안할 수밖에 없다. 사회와 과학은 점점 발전하고, 사람들의 평균 능력은 계속 올라가고 있는 상황에서 어떤 분야든지 경쟁률이 치열해지는 것은 당연한 일이다. 그런 와중에 여러 가지 핑계를 대며 아무것도 하지 않는 자신을 보면 당연히 미래가 걱정될 것이다.

아무것도 안 한다는 것은 곧 실력이 유지되는 것이 아니라 도태된다는 것을 의미한다. 그러므로 당장 버는 돈이라도 저축해놔야 조금이라도 마음이 편할 것이다. 안 그러면 남들 다 하는 결혼조차 못할 테니 말이다.

안정적인 직장을 추구하는 사람들은 문제가 조금 더 복잡하다. 대기업, 공사기업, 공기업 등 그럴듯한 곳에 들어가기 위해 혈안이 되어 있다. 그렇게 해서 합격한 뒤에는? 우리 사회의 평범한 인생 절차를 그대로 따라간다.

스펙 쌓기/공무원 준비 → 안정적인 직장 취업(공무원, 대기업, 공사기업 등) → 열심히 절약/저축 → 결혼자금 사용 → 모아둔 돈 + 대출로 주택 매매/전세 구함

→ 열심히 일하며 대출이자 갚고, 나머진 아껴서 저축 → 육아, 자녀 사교육/대학등록금 충당 → 노후 준비

이런 시스템 속에서 돈을 아껴 써야 하는 것은 너무나 당연한 이치다. 최대한 아껴 써야 빚도 빨리 갚고, 자녀들 학비도 내고, 노후에 먹고살 것 아니겠는가? 돈을 아끼지 않고서는 도저히 안정적으로 생계를 이어갈 수가 없어 보인다. 그럼 어떻게 해야 하냐고? 해답은 간단하다. 돈을 쓰면 된다. 돈을 쓰고 싶은 곳에 부담 없이 쓰면서 겁내지 않으면 된다. 무슨 말도 안 되는 소리 같겠지만, 사실이다. 거꾸로 생각해보자.

앞에서 돈 쓰기를 두려워하는 사람들의 공통점 두 가지를 이야기했는데, 우리가 돈 쓰기를 두려워하지 않아야 한다는 것은 이 두 가지를 반대로 행해야 한다는 뜻이기도 하다.

1 무언가를 계속 배우려고 한다.(자신의 능력을 자꾸 성장시킨다.)

2 지금 하고 있는 생업 또는 준비하는 직업이 꿈과 연계되어 있다.(안정적인 직장이 아니다.)

자연스럽게 '저축에 대한 필요성을 굳이 못 느끼기' 위해서는 '미래에 대한 확신'이 있어야 한다. 지금보다 훨씬 더 전문가가 되고, 훨씬 더 많은 수익이 생길 거라는 확신 말이다. 그러기 위해서는 지금의 자신이 끊임없이 성장하고 있어야 한다. 또한 그 성장하는 분야가 자신의 꿈과 연

계되어 있어야 한다. 그래야 확신을 가질 수 있고, 당장 돈이 되지 않는 일이라도 포기하지 않고 즐기면서 할 수 있다.

돈을 쓰면서 성장하는 것에 초점을 둔 사람들의 인생 사이클은 어떨까? 평범한 인생 절차와는 달리 변수가 많아 화살표로 간단히 표시하는 것에 어려움이 있으므로 대신 구체적인 예시를 들어보자. 아래 글은 평생 테니스 아티스트라는 꿈을 가지고 한길만 파온 구명용 테니스 프로에 대한 〈테니스코리아〉라는 잡지의 칼럼 내용이다.

제목: 세계적인 테니스 코치를 꿈꾸는 구명용 코치

부평 대우아파트 단지 내 위치한 2면의 테니스코트. 그곳에 특이한 이력을 가진 코치가 있다. 주인공은 바로 구명용 코치. 특이한 이력이라는 말은 그가 지금껏 살아온 이력을 보면 고개가 절로 끄덕여진다. 현재 직업으로 테니스코치를 하는 사람 중 선수 출신이 아닌 사람은 그리 많지 않다. 중·고등학교 시절 잠깐이라도 선수 생활을 거쳤을 법한데 구명용 코치는 선수 무대에 발끝 하나 들여놓지 않은 100퍼센트 순수 동호인 출신이다.(중략)

<기자가 함께한 24시간>

오전 현재 새벽 레슨이 없는 구 코치는 오전 10시에 첫 레슨을 시작했다. 아침 7시에 기상하여 공원을 30분 정도 뛰고 집에 들어와 맞벌이를 하는 아내를 위해 집안 정리를 하고 코트에 나와 첫 레슨자를 맞이했다. 오전 레슨은 10시부터 12시까지 세 명의 레슨자를 상대하는 것으로 끝났다. 레슨이 끝난 후 점

심식사를 한 구 코치는 코트 바로 앞에 있는 헬스장과 사우나에 가서 한 시간 정도를 보내고 집에 가서 LA에 있는 미국 친구와 인터넷 통화를 하면서 안부를 묻고 테니스에 대한 정보를 물었다.

오후 오후 4시에 시작하는 오후 레슨은 저녁 8시에 끝이 났다. 근 네 시간 동안 여덟 명의 레슨자가 레슨을 받고 돌아갔다. 추운 겨울날 열한 명의 레슨자만을 상대하며 넉넉지 않은 벌이를 하는 구 코치가 많이 힘들겠구나 하는 안타까움이 들었다. 하지만 정작 구 코치는 힘들지만 즐거운 마음으로 레슨 한다며 행복한 모습을 보였다.

"여기 출근할 때에는 항상 소풍 오는 기분으로 온다. 옛날 아무것도 몰랐을 때에는 레슨 하는 것이 재미없었지만, 지금은 내가 보고 배운 것을 바탕으로 레슨을 하니깐 굉장히 재미를 느낀다."

저녁 하루 일과를 끝낸 구 코치는 집으로 돌아가 자상한 남편과 아버지로 변신한다. 이제 초등학교 1학년인 아들과 놀아주기도 하고 아내에게 마사지도 해줬다. 하지만 그가 빼먹지 않는 하루의 마지막 일과가 있는데 그것은 자신이 보유하고 있는 영어 원문의 테니스 레슨 DVD를 한글로 번역해 자신의 것으로 만들기 위해 노력하는 것. 밤 12시가 넘어서야 잠자리에 드는 구 코치는 정말 테니스를 사랑하는 마음이 넘치고도 남았다.

이 칼럼은 2007년에 쓰인 글이다. 그리고 내가 구명용 프로를 처음 만난 것은 2013년이었다. 2013년, 그는 이미 테니스 코치계의 스타였다. 구명용 프로의 레슨은 시간당 10만 원이 넘었지만, 한 달 치 예약이 10

분 만에 마감되고 있었다. 수천 명의 팬층을 거느리는 구명용 프로는 한 달 레슨에 15~20만 원 하는 보통의 테니스 코치들과 확연한 차이가 있었다. 그는 레슨을 할 때마다 이런 말을 습관처럼 하곤 했다. 어찌나 많이 말했던지 4년이 지난 지금까지도 내 머릿속에 생생하다.

"20대 때부터 한 번도 제 자신을 의심해본 적이 없어요. 난 무조건 잘 될 거라고 믿었어요. 수익이 없는 상태에서 땡빚을 내 미국에서 테니스 연수를 다닐 때에도 마찬가지였습니다. 그때 당시만 해도 주변 사람들은 저를 미쳤다며 욕했지만, 저는 확신이 있었습니다. 그리고 지금은 보란 듯이 성공했죠. 제게 등을 돌렸던 가족들과 지인들은 이제 말하지 않아도 저를 찾아옵니다. 투자하지 않고서는 절대 거둘 수 없어요. 자신이 이루고자 하는 꿈이 있다면 과감히 투자해야 합니다. 그러면 무조건 수십, 수백 배로 돌아오게 되어 있어요."

자본주의 사회의 성인이 되어라

사람들은 언제나 돈을 저축하라고 충고한다.
그러나 이것은 나쁜 충고다. 모든 돈을 저축하지는 마라. 자신에게 투자하라.
나는 마흔이 될 때까지 한 푼도 저축해본 적이 없다.
- 헨리 포드

나는 돈이 하나의 인격체와 같다고 생각한다. 너무 어릴 때에는 도망갈 힘조차 없다. 이때는 세심하게 하나하나 신경 써주어야 한다. 이제 어느 정도 자라서 사춘기가 오면 신경은 쓰되 집에만 있으라고 구속해서는 안 된다. 예전처럼 품에 넣고 애지중지 키우는 방법으로는 감당이 되지 않는다. 약간의 제약과 함께 집 밖으로 나가는 것을 존중해주고, 대신에 나가서 '무엇'을 하는지 잘 살펴봐야 한다. 행동의 자유에 따른 책임도 알려주어야 한다. 안 좋은 방향으로 크게 엇나가지 않도록 지켜봐주는 것이 중요하다.

성인이 되면 이제 자유를 보장해주어야 한다. 아직 미숙한 점도 많고 배울 것도 많지만 자유와 책임에 대한 가치관이 어느 정도 자리 잡혔기 때문에 웬만해서는 자신이 감당하지 못할 큰 사고를 치지는 않는다. 이때부터 부모의 역할은 자녀의 삶이 크게 어긋나지 않는지 지켜봐주고, 인생의 선배로서 조언을 해주는 정도가 적당하다. 그중에서도 가장 좋은 방법은 자녀를 완전히 독립시켜서 따로 살게 하는 것이다.

물론 처음에는 서툴고 경제적으로도 힘들겠지만, 곧 혼자 무언가를 해야 한다는 사실에 적응하게 된다. 빨래, 설거지, 요리, 청소 등 집의 내부적인 업무뿐만 아니라 학비, 미래 준비, 결혼 등 인생의 전반적인 설계를 직접 해나가야 한다. 부모는 자녀가 조언을 구할 때에만 도움을 줄 뿐 절대 직접적으로 자녀의 삶에 관여하거나 참견해서는 안 된다. 자녀는 삶을 꾸려간다는 것이 얼마나 힘든 일인지 몸소 깨달으며, 자신이 얼마나 부모님에게 많은 도움을 받아왔는지 몸으로 알게 된다. 이 과정에서 자녀는 가슴속 깊은 곳에서 부모에 대한 감사함과 존경심을 느끼게 된다.

이 이야기를 보고 '말이 쉽지…'라는 생각이 들었는가? 자녀를 키우는 것과 돈을 키우는 것은 크게 다르지 않다. 조금 더 자세히 들여다보자. 이 이야기에서 가장 중요한 키포인트는 '자율과 책임'이다. 또한 간섭과 참견이 아닌 '적절한 조언'이다. 만약 자녀가 사춘기를 보내고 있을 때 부모가 끊임없이 간섭하고 참견한다고 생각해보자.

"밤늦게 돌아다니지 마! 집에 앉아서 공부해! 학원 가야지! 시험 점수 얼마나 나왔어!"

당신이 만약 이런 잔소리를 매일 듣는 청소년이라고 생각해보라. 왜 공부를 해야 하는지도 모르겠고 친구들과 밤늦게까지 노는 것이 너무나 즐거운데, 부모님과 점점 마찰이 커지다 보니 집에 들어가기도 싫고 거짓말만 자꾸 하게 된다.

"엄마, 나 학원 다녀오느라 늦었어. 아빠, 독서실에서 친구들이랑 공부하다가 왔어."

성인이 된 후를 생각해보자. 쌔빠지게 번 돈으로 대학교를 보내놨더니 하라는 공부는 안 하고 매일 친구들이랑 술만 마시러 다닌다. 비싼 등록금을 내고 흥청망청 놀기만 하는 모습에 부모는 속이 터진다. 당연히 잔소리를 할 수밖에 없다. 자녀와의 갈등은 점점 더 깊어진다. 성인이 된 이후로도 청소년 시절과 크게 다르지 않은 자유의 제약과 책임의 부재가 이어진다. 부모의 자율 규제, 자녀 입장에서는 책임의 부재. 당연히 자율과 책임에 대한 개념은 모호해진다. 여태까지 부모가 먹여주고, 재워주고, 배우게 해준 모든 것들은 당연시 되어가고 그에 따른 고마움과 존경심 따위는 생길 틈조차 없다. 취업만 하면 이 지긋지긋한 집에서, 부모님 곁에서 벗어나고 싶을 뿐이다.

무언가 잘못된 것 같지 않는가? 누군가는 이렇게 반박할지도 모르겠다.

"아니, 그러면 어떻게 하라는 거예요. 애가 공부도 안 하고 맨날 놀러만 다니는데 더 열심히 놀라고 용돈이라도 쥐어줄까요? 엄마, 아빠가 평생 일하면서 번 돈으로 등록금 내줬더니 맨날 술이나 마시는데, 잔소리 정도는 할 권리가 있다고 생각해요."

당연히 옳은 말씀이다. 그래서 나는 대학생들을 대상으로 강연할 때 이런 말을 자주 한다.

"여러분, 부모님 잔소리 듣기 싫죠? 그러면 독립하세요. 여러분 성인이잖아요. 여기 부모님한테 월세 드리는 사람 있어요? 부모님 집에 얹혀 살면서 월세도 안 내고, 밥 얻어먹고 살잖아요. 그런데 집안일이라도 제대로 해요? 청소, 빨래, 설거지 다 본인이 하냐고요. 안 하잖아요. 심지어 학비에 용돈까지 부모님이 다 주고 있잖아요. 그러면서 부모님이 방 청소 좀 하라고 하면 뭐라고 해요? '아, 내가 알아서 할게! 나도 이제 성인이잖아! 좀 냅둬.' 대체 뭘 알아서 한다는 겁니까? 부모님이 먹여주고, 재워주고, 교통비 주고, 학비 내주고, 용돈까지 주고, 집안일까지 다 해주시는데.

기껏해야 아르바이트하면서 자기 용돈 벌어 쓰는 거? 학교 끝나고 친구들이랑 술 마시면서 미래 고민하는 거? 그게 여러분들이 생각하는 성인이에요? 착각하지 마세요. 진짜 부모님한테 잔소리 듣기 싫고, 당당하게 성인처럼 살고 싶으면 독립하세요. 여러분이 직접 번 돈으로 학비 내고, 월세 내고, 밥해 먹고, 집안일 다 해보세요. 그리고 그 후에, 성인 대 성인으로 잔소리에 대해 다시 토론해봅시다."

자녀를 가진 부모라면 속이 시원할 수도 있겠다. 그런데 여기 문제가 하나 더 있다. 대학생들한테 이런 이야기를 하면 항상 나오는 질문이 있다.

"그래서 독립하려고 하는데, 부모님의 반대가 너무 심해요. 이럴 땐 어떻게 해야 돼요?"

이런 게 바로 악순환이다. 부모의 입장에서는 본인들이 살아오면서 경험했던 많은 시행착오를 자녀에게 알려주고, 같은 시행착오를 겪지 않게 하고 싶은 마음이 크다. 그러나 그들이 크게 착각하는 것이 있다. 직접 경험을 해보지 않은 것은 아는 것이 아니라는 사실이다. 그저 알고 있는 것처럼 느낄 뿐이다. '아는 것'과 '알고 있는 것처럼 느끼는 것'은 엄청난 차이가 있다.

안다는 것은 생각보다 무의식이 앞서 행동하게 되는 것이다. 아이에게 "불은 뜨거우니까 위험하다"라고 백날 이야기해봐야 알지 못한다. 한 번 불에 데어봐야 아무 말 하지 않아도 알아서 불 근처에 가지 않는다. 공부, 취업, 창업도 마찬가지다.

"안정적인 직장이 최고야. 사업은 위험해. 공부 열심히 해야 나중에 후회 안 한다."

이런 말들은 장담하건대 직접 경험해보지 않은 사람들은 절대 알 수 없다. 사업을 해보지 않은 부모가 하는 말은 더 위험하다. 부모조차도 직접 경험하지 않은 일을 이야기하니 그게 통하겠는가. 대신 사업을 하다가 직접 한 번 망해보면 느끼는 게 있을 것이다. 어쨌거나 끝까지 사업을 해서 성공을 시킬지, 포기하고 다른 회사에 취업을 준비할지는 본인이 선택하는 것이다. 공부를 안 하던 사람도 반드시 위기감을 느낄 때가 올 것이다.

주변 친구들이 다 스펙을 쌓고 취업을 하거나, 아니면 자신의 적성을 찾아가는 때가 되면 알아서 결정을 하게 된다. 지금이라도 공부를 시작할지, 공부가 아닌 다른 적성이라도 찾을지 말이다. 이런 깨달음들이 너무 늦게 올 것 같아 걱정인가? 너무 극단적으로 보이는가? 그렇지 않다. 자신의 인생에 대한 걱정을 전혀 하지 않고 사는 사람은 아무도 없다. 누가 뭐래도 미래에 대한 걱정은 다른 누구도 아닌 본인이 제일 많이 하기 때문이다.

자, 이제 다시 돈에 대한 이야기로 넘어가자. 부모와 자녀 간의 관계는 우리들과 돈의 관계와 같다고 할 수 있다. 작은 돈일수록 나이가 어린 아이라고 생각하고, 큰돈일수록 성인이라고 생각해보자. 작은 돈은 어린아이처럼 최대한 세심하게 돌봐주어야 한다. 허투루 쓰지 않고, 혹시나 쓸데없는 곳에 쓰이진 않을까 잘 살펴봐야 한다. 돈을 절약하고 저축하는 것이 여기에 해당한다. 그렇지 않은 사람들도 있지만, 부자가 되고 싶다는 사람들 중 많은 사람들이 작은 돈을 아끼는 것에 민감하다. 그리고 꽤 잘하는 편이다.

문제는 청소년 단계 이후부터 시작된다. 돈이 커지기 시작하면 우리에게는 사춘기가 온다. 이것저것 사고 싶은 것, 배우고 싶은 것들이 생기고, 투자처도 보이기 시작한다. 당연한 증상이다. 이 당연한 증상을 억제하려고만 하고, 끊임없이 통제한다면 반드시 부작용이 생긴다. 사춘기가 온 청소년에게 여전히 "집에 얌전히 있어. 공부만 해. 학원이나 가"라고 말하면 가출을 하거나 거짓말을 하게 되는 것처럼 말이다.

차라리 돈이 하고 싶어 하는 것들을 존중하고 인정해야 한다. 사고 싶은 것, 배우고 싶은 것들이 생기면 '무조건 안 돼! 아껴서 저축해야지!'라고 할 것이 아니라 '어떻게 하면 같은 금액으로 더 좋은 것을 사고, 더 행복해질 수 있을까? 더 좋은 투자처는 어디일까?'를 고민해야 한다.

돈의 흐름을 막지 말고, 옳은 곳으로 흐르도록 조절해주는 단계가 필요하다. 돈이 어느 정도 모이기 시작하면 계속 모으기만 할 것이 아니라 좋은 곳에 사용해보면서 돈을 제대로 쓰는 방법을 익혀야 한다. 그 과정에서 시행착오(피드백)는 당연히 일어난다. 이 피드백들을 단순히 '돈을 날렸다'라고 생각한다면 삶이 불행해진다. 자신이 선택한 곳에 과감하게 돈을 쓸 줄 알고, 거기에 대한 책임을 스스로 지는 연습을 해야 한다. 그렇게 우리는 자본주의 사회에서 돈의 흐름을 체감하고 진정한 성인이 될 준비를 해나갈 수 있다.

돈이 성인이 되면, 완전히 독립시켜야 한다. 청소년기에 배웠던 돈의 흐름을 생각해보자. 수없이 시행착오를 겪으며 '돈을 쓴다는 것'의 가치를 깨달았을 것이다. 그 과정 속에서 나를 비롯한 사람들이 어디에 돈을 쓰는지, 돈을 쓰면서 '제대로 쓴다'라는 느낌을 받은 적은 언제였는지 생각해보자. 그 속에 실마리가 있다. 이 모든 것들을 고려해서 이번에는 우리가 '돈을 쓰는 가치'를 사람들에게 제공하는 시스템을 만들면 된다.

물론 처음에는 성인이 되어 독립한 청년이 집안일을 하는 것처럼 서툴 것이다. 수많은 시행착오들을 겪게 될 것이고, 많은 시간과 돈을 쓰게 될지도 모른다. 하지만 모든 일이 그렇듯이 우리는(돈은) 여기에 적응하고 점점 더 어른이 되어갈 것이다.

부모님의 곁에 평생 머무를 수는 없기에 시행착오를 겪더라도 언젠가는 독립을 해야 한다. 이제는 돈에 대한 문제도 그와 같이 생각했으면 좋겠다. 시행착오가 예상되더라도 언젠가는 돈에 구애받지 않고 살아봐야 할 것 아닌가.

많은 사람들이 여전히 돈을 아끼고 저축만 하는 아이의 단계에서 벗어나지 못하고 있다. 부자가 되고 싶다면 이제 그만 아이의 단계에서 벗어나야 한다. 자율과 책임, 그에 따른 경험과 성장이 없으면 우리는 절대 돈을 관리하는 데 있어서 진정한 성인이 될 수 없다.

필요한 것 VS 좋아하는 것

돈은 유일한 해답은 아니지만 차이를 만들어낸다.
- 버락 오바마

지긋지긋한 현재의 삶을 탈피할 수 있는 가장 빠르고 효율적인 방법은 무엇일까? 정답부터 말하자면, 돈을 쓰는 방향을 바꾸는 것이다. 꼭 필요한 것에만 돈을 쓰는 방식에서 벗어나 생계와 직접적으로 연계되지 않은 것들을 하는 것이다.

좀 더 구체적으로 말하자면 이렇다. 나는 식당에 들어가서 6,000원짜리를 먹을까, 7,000원짜리를 먹을까 고민한 적은 있어도 책을 살 때 금액을 보고 사는 경우는 한 번도 없다. 끼니를 때우는 것은 생계를 위해 어쩔 수 없이 지출해야 하는 비용이지만, 책은 사실 생계와는 직접적인 관련이 없다. 그렇기 때문에 더 돈을 아끼지 않는다.

또 일상적으로 입는 옷을 살 때에는 최대한 아끼려고 저렴한 곳을 찾아다니지만, 듣고 싶은 강의를 듣는 데에는 비용을 크게 따지지 않는다. 돈을 빌려서 들어야 할지, 순수하게 내 돈으로 들을 수 있는지는 알아야 하니까 수중에 있는 돈으로 들을 만한 비용인지 정도만 파악한다. 벗고 다닐 수는 없으니 옷을 사는 것은 어쩔 수 없는 지출이다. 그에 비해 강의는 들어도 그만, 안 들어도 그만이다.

그렇다면 나는 왜 이런 방식으로 돈을 사용할까? 돈이 넉넉하다면 돈을 쓰는 방식을 굳이 제한할 필요가 없다. 그러면 먹고 싶은 음식을 먹고, 사고 싶은 옷을 다 사면서도 생계와 관련 없이 좋아하는 일들을 다 할 수 있다. 그러나 현재 우리의 돈은 한정되어 있다. 아무리 좋아하는 일에 돈을 쓰고 동기부여를 받으라고 한들, 당장 쓸 수 있는 돈이 정해져 있으니 맘껏 쓸 수가 없다.

이 시점에서 우리는 소비의 방향을 선택해야 한다. 인간이 돈을 쓰는 분야는 정확히 두 가지로 나뉜다.

1 생계를 위해 어쩔 수 없이 지출해야 하는 비용

- 먹고살기 위해 필요한 것(의식주)

2 좋아하는 일을 위해 쓰는 돈

- 취미, 여행 등 먹고사는 데 지장이 없는 것

간단히 말해서 살기 위해 써야 하는 돈과 안 써도 사는 데 지장이 없

는 돈으로 나뉜다. 우리는 여태 의식주를 해결하기 위해 당연히 좋아하는 일을 포기해야 한다고 생각하며 살아왔다. 이제는 이 가치관을 바꿔야 할 때다. 생계를 위해 어쩔 수 없이 지출해야 하는 비용은 최소한으로 줄이고, 그 돈을 좋아하는 일을 위해 써야 한다. 이유는 간단하다. 당신은 먹고 자는 것에 행복감을 느끼는가, 아니면 좋아하는 일을 할 때 더 큰 행복감을 느끼는가? 당연히 후자일 확률이 높다.

생계를 위해 쓰는 돈은 큰 틀에서 보면 부자와 부자가 아닌 사람 간에 큰 차이가 없다. 비싼 음식과 싼 음식의 차이는 있겠지만 어쨌든 먹는 음식에 돈을 쓰는 것은 마찬가지다. 비싼 옷과 싼 옷의 차이는 있겠지만 어쨌든 입는 옷에 돈을 쓰고, 좋은 집과 안 좋은 집의 차이는 있겠지만 어쨌든 집은 집이다. 크고 작은 것, 신형과 구형 등의 차이는 있겠지만 결국 '의식주 해결'이라는 큰 맥락에서는 같은 목적을 가진 소비라고 볼 수 있다. 그렇기 때문에 생계적인 부분에 있어서는 가난한 사람과 부자의 '인간적 차이'가 없다. '경제적 차이'만이 있을 뿐이다. 가난한 사람이 부자가 되어도 결국 의식주의 범위 내(집, 음식, 옷)에서 좀 더 좋은 것을 사용하게 될 뿐이다. 그 이상 크게 달라지는 것은 없다.

반면 좋아하는 일을 위해 쓰이는 돈은 완전히 다르다. 정확히 말하면 '굳이 쓰지 않아도 먹고사는 데 지장이 없는' 돈이다. 그렇기 때문에 우리는 이 돈으로 무엇을 하는지를 보면 그 사람의 개성을 알 수 있다.

한 달에 월급 200만 원을 받는 사람의 취미가 독서와 테니스라고 하자. 이 사람은 한 달에 2,000만 원을 벌게 되더라도 이 취미를 계속 할 확률이 높다. 애초에 생계를 위한 일이 아니었기 때문이다. 한편 1억을 번다고 해도 독서와 테니스를 전혀 하지 않는 사람도 있을 수도 있다. 이 사람이 좋아하는 일은 다른 것이기 때문이다. 이처럼 좋아하는 일에 쓰는 돈은 개개인의 개성을 알려주기에 충분하다.

어떤 사람이 의식주에 쓰는 돈을 보면 그 사람의 경제 수준을 알 수 있지만, 개인적인 일에 쓰는 돈을 보면 그 사람이 어떤 것에서 행복을 찾는지 알 수 있다. 그러므로 우리는 좋아하는 일에 돈을 더 많이 배분해야 한다. 이로 인해 삶이 더 풍요로워지고 행복해지기 때문이다.

물론 인간의 삶에서 생계보다 중요한 것은 없다. 하지만 너무 의식주에만 치중하며 좋아하는 일에 돈을 사용하지 않는다면 이것보다 불행한 삶은 없다. 행복해질 수 있는 많은 기회들을 놓치게 될 것이 뻔하기 때문이다.

자신이 정말 좋아하는 일이 무엇인지 몰라서 어디에 돈을 써야 할지 모르겠다면 좋아하는 일을 찾기 위해 돈을 쓰면 된다. 즉, 안 해본 것들을 하나씩 해보는 것이다.

사람들은 보통 인생에서도 고속도로만 찾으려고 애를 쓴다. 앞만 보고 달린다는 뜻이다. 때문에 자신이 고속도로에서 조금이라도 벗어났다 싶으면 엄청난 스트레스와 불안감을 겪는다. 주변 사람들은 끊임없이 목적지를 향해 달려가는데, 자신만 지지부진을 면치 못하고 있는 것처럼 느낄 수도 있다. 하지만 전혀 걱정할 필요가 없다. 지금 당장 나만의 거창한 꿈이나 좋아하는 일을 찾지 못해도 상관없다. 일단 조금이라도 관심 있는 분야가 있다면 돈과 시간을 투자해보고 그 시간 자체를 꾸준히 즐기면 된다. 그러다 보면 아마 얼마 지나지 않아 이렇게 느낄지도 모른다.

'나는 너무 앞만 보고 달리느라 나 자신에 대해서는 알려고 노력하지 않았구나. 세상에 재미있는 일 천지네.'

이쯤 되면 어떤 독자들은 또 하나의 의문이 생길 것이다.

"그걸 누가 몰라서 안 하나요? 요즘 집값이 얼만지 알고 하는 말이에요? 당장 대출이자 갚기도 막막한데, 옷이야 아껴 입고 먹는 것도 최대한 적게 먹으면 된다지만, 일단 잘 곳은 있어야 될 거 아녜요."

여기에 대해서는 다음 내용에서 좀 더 자세히 다뤄보도록 하자.

집을 포기하라

나는 미래가 어떻게 전개될지는 모르지만,
누가 그 미래를 결정하는지는 안다.
- 오프라 윈프리

의식주 중에서도 가장 큰 돈을 차지하는 집에 대해서 생각해보자. 특히 우리나라에서는 내 집 마련이 항상 인생의 숙제로 여겨지고 있다. 혹시 어렸을 때부터 한 번이라도 이런 말을 들어본 적 있지 않은가?

"남자가 결혼할 때 아파트 한 채는 들고 가야지."
"나중에 집 사려면 지금부터 차곡차곡 모아야 돼."

이런 말들이 우리나라의 수많은 젊은이들을 돈의 노예로 만들고 있다. 그렇다면 대체 왜 이런 문화가 생긴 걸까? 정확히 언제부터인지는 모르겠다. 너무나 오래전부터 당연시되어왔기 때문에 이와 관련된 기록은 찾을 수가 없다. 그 대신 거꾸로 생각해볼 수는 있다. 우리는 집 때문에 파혼을 하기도 하고, 가족들끼리 분쟁이 생기기도 하며, 행복해야 할 신혼생활이 대출이자 걱정으로 가득 차기도 한다. 그리고 매일매일 한숨을 쉰다. 물론 자신이 좋아하는 일이 '집을 사는 것(투자)'일 경우는 제외다. 좋아하는 일이라면 절대 말릴 이유가 없으니까 말이다.

이 정도 되면 당연히 이런 질문을 던져볼 만하지 않을까?

"꼭 당장 집을 사야 되나요?"

최근 기사에 의하면 우리나라 인구 4분의 1 이상이 살고 있는 서울의 평균 집값은 약 5억 정도라고 한다. 물론 확실한 데이터는 아니겠지만 대략 봐도 비싼 가격이다. 그에 반해 직장인들의 평균 월급은 약 300만 원이라고 한다. 이 자료는 전 연령층의 평균 월급을 말하는 것이니 막상 결혼하고 살 집을 구해야 하는 20~30대 직장인들은 월급이 300에 한참 못 미칠 것이다. 게다가 세금을 떼면 또 깎이겠지.

나는 당장 집을 살 계획으로 열심히 절약, 저축만 하고 있는 여러분들에게 현실을 일깨워주고 싶다. 이 수치들을 보고도 아직 내 집 마련의 현실이 와 닿지 않는다면 좀 더 현실적으로 들여다보자.

결혼 준비를 하는 예비부부가 집을 알아보고 있다. 아이가 생길 것을 대비해 20평 이내의 소형 아파트를 알아보는데 회사 근처로 가면 약 2억, 멀리 떨어진 곳에 가면 1억 5,000만 원 정도 한다고 한다. 교통비, 출퇴근 시간, 문화생활 등 여러 가지 효율성을 고려했을 때 아무래도 회사 근처가 낫겠다는 생각이 들어 2억짜리 집을 선택했다. 여태까지 모은 돈 5,000만 원에 주택담보대출 + 신용대출로 1억 5,000만 원을 받아 집값을 어떻게든 마련했다. 조금씩 갚아나가면서 내 집을 만들겠다는 일념 하나로 대출이자(연 4퍼센트)와 함께 원리금(원금+대출이자)을 균등상환(나눠서 갚는 것) 하기로 결정한다.

1억 5,000만 원을 연 4퍼센트 금리로 10년 만기 원리금 균등상환 방식으로 대출받으면 총 대출이자는 약 3,200만 원이며, 다달이 150만 원을 갚아야 한다. 1억 5,000만 원을 연 4퍼센트 금리로 20년 만기 원리금 균등상환 방식으로 대출받으면 총 대출이자는 약 6,800만 원이며, 다달이 90만 원을 갚아야 한다. 추가로 2억 원 상당의 주택 구입 시 발생하는 초기비용(취득세, 교육세, 증/인지, 국민주택채권 등)이 약 240만 원 이상 들어가고, 매년 내야 하는 재산세는 15만 원에 달한다. 또한 안타깝게도 가장 중요한 사실은, 서울에는 2억짜리 집이 흔치 않다는 것이다.

현실이 이러하니 젊은 세대들에게 왜 결혼 안 하느냐고 재촉할 수가 없다. 주거 문제만 해결하려고 해도 당장 현실의 벽에 부딪히게 된다. 출산율 저하 문제는 여기에서 파생되는 수많은 문제 중 하나일 뿐이다. 취미 따위는 이미 사치가 된 지 오래다. 여행은커녕 노후 준비조차 포기하는 현실이 이어진다. 정말 그놈의 집이 뭔지.

나는 부동산 전문가는 아니지만, 전문가들과 많이 알고 지낸다. 그들이 말해주는 현재의 시국은 더 혼란스럽다. 요즘(2017년 4월 기준) 부동산 분위기에 대해 말해보자면, 올해는 작년보다 주택 공급물량이 1.6배 가까이 치솟을 거라고 한다. 공급이 늘어나면 집값은 분명 일부 특정 지역을 제외하곤 떨어지는데, 여유자금이 있는 사람들에게는 집을 사기 좋은 시기다. 반면 자금 여력이 없는 사람들은 마냥 좋아할 일이 아니다.

사람들은 대부분 집을 살 때 '시세차익'을 기대하기 때문에 집값이 떨어지면 '곧 오르겠지'라고 생각하며 이때다 싶어 무리하게 대출을 받는다. 이런 집들은 소위 말하는 '깡통주택'이 되기 십상이다. 깡통주택이라 함은 '집을 팔아도 대출금을 갚지 못하는 주택'을 말하는데, 공급과잉에 의한 가격 하락 외에도 대출금 상환능력을 상실했을 때 발생하는 경우가 많다. 이런 상황에서 금리 상승까지 겹치면 훨씬 더 막막해진다. 대출을 잔뜩 끼고 집을 구매하거나 전세를 얻고 나면 결국 '하우스 푸어'가 되는 건 물론이고, 집이 경매로 넘어가는 일도 빈번하게 생긴다.

한편 내 집 마련 시 젊은 사람들에게 필수라고 할 수 있는 대출은 점점 규제가 강화되고 있다. 모든 은행권의 소득 심사의무가 강화되고 있을 뿐만 아니라, 무엇보다 중요한 것은 대출금 또한 원리금 분할상환으로 적용된다는 사실이다. 앞으로 어떻게 다시 규제가 바뀔지는 모르겠으나, 현재는 과도한 가계 대출로 인해 정부의 규제가 점점 강화되고 있는 분위기다.

그럼 당연히 집을 살 때 대출에 크게 의존할 수밖에 없는 젊은 세대들은 내 집 마련이 점점 더 힘들어질 것이다. 원리금을 같이 상환하기 위해 더 열심히 일하고, 여가시간은 점점 줄이고, 소비도 더욱더 억제할 것이다. 그러면 시장경제는 점점 안 좋아지고, 삶의 질 또한 떨어진다.

여태까지는 열심히 노력해서 돈을 버는 속도보다 부동산 가격 상승률이 훨씬 가파르게 진행되어왔다. 그러다 보니 대출을 받아 집을 사도 훨씬 이득이 나는 구조였는데, 더 이상 상황이 좋지만은 않다. 옛날처럼 그저 열심히 일하는 것만으로는 답이 없다.

'남들은 집을 사면 집값이 올라서 횡재했다고 하는데, 나는 왜 점점 빚만 쌓여갈까…….'

이런 상황이 되는 것이다. 앞으로 집값이 떨어질 예정이라고는 하나 확실하지도 않고, 이미 젊은 사람들이 집을 사기엔 너무 비싸진 상태다. 특히 서울에 거주하는 젊은 부부들은 맞벌이로 500만 원 이상을 벌어도 생활이 힘들다고 할 정도다. 오죽하면 N포 세대, 캥거루족과 같은 신조어들이 다 생겼을까.

"집값이 비싸도 너무 비싸네. 대출받아 집 샀는데 집값이 떨어지면 어쩌지?"

"왜 내가 대출받으려 할 때만 금리가 오르는 거야?"

이렇게 말하는 현실에서 서울의 주택을 소유하는 것은 정말이지 쉽지 않다. 부모님의 도움을 받지 않고 20~30대 직장인들이 대출 없이 온전히 자기 돈으로 집을 구매하기란 사실상 불가능에 가깝다. 그러다 보니 젊은 신혼부부들은 반강제적으로 그동안 살았던 정든 곳에서 벗어나 낯선 서울 외곽으로 쫓겨나가게 된다. 이런 사람들의 수가 매년 최대치를 갱신하고 있으니 내 집 마련하기가 얼마나 힘든지 수치만 봐도 느낄 수 있다.

수도권 집값 역시 결코 만만치가 않다. 우리는 여기서 또 한 번 좌절감을 느낀다. 간신히 수도권에 괜찮은 집을 구했다고 해도 서울로 출퇴근하는 데 버려지는 시간, 체력, 스트레스 등 여전히 감당하기 어려운 문제들이 있다. 그런데 시간이 지나고 나이가 들수록 다시 서울로 진입하기는 더 어려워진다.

정말 슬프지 않은가? 게다가 무리해서 대출받아 집을 샀든, 전세로 들어갔든 살 집을 마련했다고 해서 집으로 인한 걱정이 끝나는 것은 아니다. 어떻게 집을 구한다 해도 대출금 상환, 금리 인상, 양육비, 교육비, 물가 상승, 기타 생활비에 갑작스럽게 빠져나가는 지출까지……. 더 슬픈 것은 앞으로도 삶이 나아지지는 않고 현상 유지만을 위해 살아가야 한다는 것이다. 집 때문에 너무나 많은 것들을 포기하며 살아야 한다. 대출이자 앞에서는 꿈도, 미래에 대한 희망도 희미하다. 당장 눈앞에 닥친 암울한 현실만 있을 뿐이다.

이렇게 물어보는 사람도 있을 것이다.

"아니, 내 집 마련이 힘든 거 누가 모르나요. 그래서 어떻게 하라고요?"

스스로에게 한 번 더 물어보라는 것이다.

'굳이 지금 당장 내 명의로 된 집이 필요한가?'

사람들을 보면 신혼부부가 월세를 산다는 것은 상상도 못할 일인 것처럼 말한다. 마치 법에 어긋나기라도 하는 것처럼. 그런데 우리가 집을 굳이 사야 하는 이유는 무엇인가?

1 자녀들에게 물려주기 위해서

2 한 집에서 마음 편히 오래 살기 위해서

3 노후에 줄어드는 수입을 감안하면 집이라도 있어야 안전하니까

여러 이유가 있겠지만 아마 큰 틀에서 본다면 위의 세 가지 정도가 될 것이다. 첫 번째부터 천천히 살펴보자. 솔직히 말하자면 나는 부모들의 입장을 이해할 수 없다. 부모가 되어본 적도 없을뿐더러 내 소유의 집을 가져본 적 또한 없기 때문이다. 대신 나는 자녀의 입장에서 집을 물려받는 상황을 생각해볼 수는 있다. 내가 한 가지 확신할 수 있는 것이 있다면, 집을 물려주는 것은 절대 자녀에게 도움이 되지 않는다는 사실이다. 부모의 사명은 자녀들에게 물고기를 잡아주는 것이 아닌 잡는 방법을 알려주면서 자립할 수 있게 도와주는 것이다. 제발 부탁인데, 자녀에게 집을 물려주겠다는 생각은 갖지 말자.

'나는 힘들게 살았으니까 우리 자녀들에게는 이 고생을 물려주지 말자. 우리가 열심히 벌어서 학비도 내주고, 결혼비용도 내주고, 나중에 집도 물려줘야지.'

이는 정말 위험한 생각이다.

요즘 젊은 또래 친구들을 보면 정말 안타깝다.

"우리 학교는 지잡대라서 교수님이 시험문제를 다 알려주는데도 사

람들이 공부 안 해. 대박이지, 진짜. 근데 뭐 어차피 학점 잘 받는 선배들 보면 취업 잘되는 것도 아니라더라. 그러니까 다들 굳이 공부를 열심히 안 하는 거지. 어차피 대학 공부가 취업해서 쓰이는 것도 아니고."

확신하건대 이렇게 말하는 친구들의 99.9퍼센트는 부모님이 학비를 내준다. 생각해보라. 당신이라면 학교에 대한 애정도 없고, 희망도 없고, 공부하고 싶은 마음도 없는데 자신이 뼈 빠지게 번 돈을 학기마다 몇 백만 원씩 쏟아부으며 다니겠는가? 아마 당장에 때려치울 것이다. 이런 말도 안 되는 생각을 가지고 본인들이 말하는 소위 '지잡대'를 계속 다니는 이유는 부모님이 학비를 대신 내주기 때문이다. 더 심각한 것은 이런 친구들에게 학교를 그만두는 게 낫지 않겠냐고 물으면 이렇게 대답한다는 것이다.

"어떻게 그래요. 부모님이 대학교는 무조건 졸업하라고 하시는데."

이게 정말 당신이 그토록 원하는 자녀의 편안한 삶인가? 대체 언제까지 본인도 힘들고, 자녀의 자립성도 최악으로 치닫는 교육방식으로 자녀들을 키울 생각인가.

이번에는 두 번째 이유, 한 집에서 마음 편히 오래 살기 위해서 집을 사는 것에 대해 살펴보자. 진심으로 묻고 싶다. 경제적 여유가 없는 상태에서 당장 무리하게 대출을 받아 집을 사고, 대출이자와 생활비에 쪼들려 사는 삶이 마음 편하다고 할 수 있을까? 이 책을 쓴 이유야말로 이 두 번째 문제와 정확히 일맥상통한다.

세상에는 '한 집에서 마음 편히 오래 살고 싶은 사람'과 '여러 지역에서 살아보는 경험을 하고 싶은 사람'이 있다. 둘 다 존중한다. 하지만 내가 하고 싶은 말은 이 두 가지 중 하나를 우리가 언제든지 자유롭게 선택할 수 있으려면 경제적인 여유가 있어야 한다는 것이다.

많은 사람들이 매달 내야 하는 대출이자에 쪼들리면서 말만 이렇게 한다.

"그래도 내 집이 있으면 마음은 편하잖아. 대출이자는 언젠가 다 갚겠지."

이해하기 힘들겠지만, 아이러니하게도 우리가 한 집에서 정말 '마음 편히' 살기 위해서는 지금 당장 그럴듯한 집을 사야 한다는 고정관념에서 벗어나야 한다. 월세든 전세든 원룸이든 상관없다. 중요한 것은 '당신의 수익을 폭발적으로 올릴 수 있는 곳에 투자할 자금을 운용할 수 있느냐' 하는 것이다. 어차피 지금 당장 여유로워질 수 없다면 대출이자가 아닌 당신의 미래에 돈을 쏟아부어야 한다. 이 문제가 해결된다면 세 번째 문제(노후 대비)는 걱정할 필요조차 없다. 이런 방식으로 삶을 살아간다면 당신의 퇴직 후는 훨씬 더 풍요로워질 것이다. 당신의 정년은 직장에서 정해주는 55세, 60세가 아닌 '건강이 허락하는 날'까지가 될 것이다. 다시 한 번 말하지만 중요한 것은 지금 당장 그럴듯한 집을 사는 것이 아니다. 만약 집 때문에 당신의 성장을 위해 투자할 돈이 없다면 집에 대한 고정관념을 버려라. 진정으로 마음 편히 살 수 있는 집을 갖고 싶다면 말이다.

CHAPTER 3

미친 듯이 배워라

돈 ✧ 기 ✧ 부 ✧ 여

돈을 벌기 위해
단순히 돈을 아끼려고
노력하는 것만큼 비효율적인
행위는 없다. 경제적 여유를 갖고 싶다면
지금부터 우리 '인생의 효율'이라는
초점을 돈이 아닌 시간과 경험,
배움에 맞춰야 한다.

부자가 되고 싶다면 부자를 만나라

뒤에 가는 사람은 먼저 간 사람의 경험을 이용하여,
같은 실패와 시간 낭비를 되풀이하지 않고
그것을 넘어서 한 걸음 더 나아가야 한다.
- 괴테

"직접 경험해보지 않은 사람에게 절대 조언을 구하지 말자."

이것은 나의 인생철학이다. 경험해보지 않은 사람에게 조언을 구하는 것은 "나 따위가 이런 걸 좀 해보려고 하는데, 절대 하지 못하게 말려줘"라고 말하는 것과 같다고 생각하기 때문이다. 직접 해보지 않은 사람들은 대부분 새로운 것을 두려워한다. 특정 분야에서 아무리 훌륭한 성과를 낸 사람이라고 해도 자신의 전문분야가 아니라면 확신을 갖지 못한다. 단지 주변 사람들을 통한 간접경험으로 비슷하게 '추정'만 할 뿐이다.

그렇다면 누구에게 조언을 구해야 할까? 당연히 직접 경험해본 사람에게 조언을 구해야 한다. 어떤 분야에서 성공해 부자가 되고 싶다면 당연히 그 분야에서 성공한 부자를 찾아가서 조언을 구해야 한다.

성공한 사람을 만나는 방법은 크게 세 가지로 나눠볼 수 있다.

1 책(간접적이고 일방적인 만남)

2 강연(직접적이지만 대중적인 만남)

3 1:1 만남(직접적이고 개인적인 만남)

당연히 1 → 2 → 3 순으로 배울 수 있는 깊이가 달라진다. 독학하는 것과 학원에 다니는 것, 과외를 받는 것은 엄연히 다르지 않은가? 또한 중요한 사실은 얻을 수 있는 내용의 깊이가 다른 만큼 들어가는 노력(시간/돈) 또한 당연히 달라진다는 것이다.

책의 경우 1만 원대의 금액으로 한 사람의 인생과 지혜를 전반적으로 훑어볼 수 있다. 하지만 내 경험상 책을 읽는 것만으로는 절대 그 사람의 10퍼센트 이상을 알기 힘들다. 어떤 저자들은 글을 쓰는 과정에서 자신의 모습을 미화시키기도 하고, 좀 더 극적인 효과를 위해 과장을 하기도 한다.

독자들이 책만 읽고 절대 변화할 수 없는 가장 큰 이유는 책을 읽는 목적이 애초에 '지식 습득'에 있기 때문이다. 자기계발서의 내용을 보면 새로운 지식을 전달하기보다는 자신의 삶을 통한 지혜를 알려주는 경우가 많다. 그런데 독자들은 그런 책에서 새로운 이론을 얻으려고 하니 당연히 같은 이야기만 자꾸 하는 느낌을 받게 된다.

'지식이랑 지혜, 그게 그거 아닌가?'라고 생각할 수도 있지만 엄연히 다르다.

지식 - 어떤 대상에 대하여 배우거나 실천을 통하여 알게 된 명확한 인식이나 이해
지혜 - 사물의 이치를 빨리 깨닫고 사물을 정확하게 처리하는 정신적 능력

(네이버 국어사전 발췌)

인생에서 어려운 문제가 생겼을 때 무엇을 해야 할지에 대한 해답은 지식이 알려준다. 하지만 정답이 없는 상황에서 완전히 새로운 선택과 판단을 하게 하는 것은 지식이 아닌 지혜라고 볼 수 있다. 지식은 '배우거나 실천을 통해 알게 된 것'이지만, 지혜는 '사물의 이치를 깨닫고, 정확하게 처리하는 정신적 능력'이다. 따라서 오늘 알게 된 지식은 내일 쉽게 잊어버릴 수도 있지만, 한번 체득한 지혜는 웬만해서는 사라지지 않는다.

'매일 새벽에 일어나라. 책을 읽어라. 끊임없이 도전하라. 실패는 성공의 자양분이 된다. 현재의 행동을 변화시키지 않으면서 다른 결과를 기대하는 것은 정신병자다.'

자기계발서에서 많이 본 문구일 것이다. 우리가 이것들을 지식으로 받아들이는 순간, 삶에 아무 변화도 일어나지 않는다. '매일 새벽에 일어나고, 책을 읽고, 끊임없이 도전한다. → 성공해서 부자가 된다'라는 성공에 대한 하나의 해답을 배울 뿐이다. 그러면 책을 100권 읽으나 1,000권 읽으나 여전히 삶은 바뀌지 않는다. 삶에 변화를 일으키려면 지식을 쌓는 게 아니라 지혜를 키워야 한다. 성공한 사람들의 자서전이나 자기계발서는 공부해서 답을 맞춰야 하는 교과서나 문제집이 아니다. 하나라도 행동에 옮겨야 의미가 있는 실용서다.

잘 생각해보면 우리가 쓰는 말에서도 지식과 지혜의 차이를 알 수 있다. 보통 '지식을 습득하다'라고 말하지, '지식을 발휘하다'라고 말하지는 않는다. 또한 '지혜를 발휘하다'라고 말하지, '지혜를 습득하다'라고 말하는 경우도 거의 없다. 여기서 나는 또 하나의 결론을 내렸다.

'지식은 습득(input)할 때마다 늘어나고, 지혜는 행동(output)할 때마다 커진다.'

계속 인풋 없이 아웃풋만 하다 보면 언젠가 바닥이 드러나기 마련이다. 반대로 아웃풋 없이 인풋만 하다 보면 반드시 과부하가 걸리거나 안에 있는 것들끼리 꼬이거나 썩는다. 그래서 언제나 흐름이 중요하다. 돈도, 지식도.

나는 책 중에서도 자기계발서를 가장 으뜸으로 꼽는다. 수많은 이

론과 사례를 집대성한 수백 페이지의 두꺼운 책보다 저자가 조금이라도 직접 경험하고 행동해보고, 그 과정에서 어떤 고민을 했었는지 상세하게 적은 책이 좋다. 그런 책이야말로 저자의 지혜가 숨어 있기 때문이다.

책을 읽으며 저자의 통찰력이 발휘되는 부분을 중점적으로 봐도 좋다. 저자의 입장에서 '나라면 이런 상황에서 어떻게 판단하고, 어떤 행동을 했을까?'에 대해 생각해보는 것이다.

통찰력 - 예리한 관찰력으로 사물이나 현상을 꿰뚫어보는 능력
(네이버 국어사전 발췌)

이렇게 책을 통해 그 사람의 지혜와 통찰력을 들여다보는 것도 좋지만, 더 좋은 방법은 어떻게든 부자를 직접 만나 자신의 현재 상황에 맞는 조언을 구하는 것이다. 여기서 주의할 점은, 자기 스스로 충분히 고민해본 후에 찾아가야 한다는 것이다. 충분히 고민한 결과 막히는 지점이 있을 때 조언을 구하는 것이다. 부자에게 찾아가 무작정 "저도 부자가 되고 싶습니다!"라고 말하는 것은 내 인생을 대신 살아달라는 말밖에 되지 않는다.

부자를 찾아가 내 현재 상황(경제적 상황, 가치관, 꿈, 고민)을 말하고 조언을 구하자. 그렇게 해서 받은 조언은 이해가 가지 않아도 일단 그대로

실천해야 한다. 왜 그런 조언을 해주는지 도저히 이해가 안 가더라도 때로는 실천해야 할 때가 있다. 직접 해보지 않고서는 절대 느낄 수 없는 것들이 있기 때문이다.

수많은 경험으로 얻은 지혜는 절대 언어로 전달할 수가 없다. 이것은 어쩔 수 없는 언어의 한계다. 그때그때 느낀 감정과 상황을 어떻게 100퍼센트 전달하겠는가. 가르쳐주는 본인도 기억이 나지 않을 수 있다. 우리는 단지 실제로 성공을 경험해본 부자들의 통찰력을 믿고 따르면 된다. 조언대로 실행할 때에는, 어느 정도 궤도에 오르기 전까지는 본인의 생각을 섞지 않고 실행하는 게 중요하다.

대부분의 경우 힘이 들기 시작하면 '이걸 왜 시키는 거야?'라는 생각이 들기 때문이다. 한번 이런 생각을 하기 시작하면 초심은 금세 사라지고 그만둘 이유만 찾게 된다. 이런 사람들은 결국 그만둘 만한 합당한 이유를 찾고, 자기합리화를 시키며 미션을 그만두게 된다. 미션을 정말 그만두어야 할 상황은 따로 있다. 조언을 받은 대로 시행할 때 딱 한 가지 조심할 것은, 그 사람에게 받은 미션이 누구의 커리어가 되는 것인지 생각해봐야 한다. 만약 조언을 해준 사람의 커리어만 된다면 미션을 그만두어야 한다. 그 여부는 자신의 실력이 커가고 있는지 파악하는 것을 통해 확인할 수 있다. 자신의 실력이 얼마나 상승하고 있는지 끊임없이 자문해야 한다.

때로는 '부자의 말만 따르다가는 그 사람의 아류가 되지 않을까?' 고민하게 될지도 모른다. 결론적으로 말하면 쓸데없는 걱정이다. 걱정은 행동을 저지시킨다. '제2의 ○○' 소리를 듣는 것 자체가 이미 궤도에 올라왔다는 사실을 대변해주는 것이다. 지금처럼 사느니 제2의 부자가 되는 편이 낫지 않겠는가? 어느 정도 궤도에 올랐을 때 자신의 차별성을 덧붙이는 편이 훨씬 쉽고 빠르게 성장할 수 있는 방법이다.

돈을 아낄 수 있는 직업을 찾아라

사람들이 인생에서 저지르는 가장 큰 실수는
자신이 가장 즐기는 것을 직업으로 만들려고 노력하지 않는 것이다.
- 말콤 포브스

우리는 더 많은 것들을 취하기 위해 돈을 아낄 수 있는 직업을 찾아야 한다. 당연한 말이지만 돈을 쓰기만 해서는 절대 부자가 될 수 없다. 언제는 돈을 쓰라더니, 이제는 아끼라고? 여기에 대해서는 좀 더 자세히 설명해야 할 것 같다.

만약 돈을 쓰는 쾌감을 느껴봤다면 예전과는 다른 에너지를 느낄 수 있을 것이다.

'역시 세상에는 돈으로 할 수 있는 것들이 무궁무진하구나. 내가 여태 이걸 모르고 부자들을 욕하기만 했다니……. 역시 겪어보지 않으면 모르는 거였어. 나도 무조건 부자가 돼서 세상의 수많은 것들을 경험해보

고 싶다! 어떻게 하면 이 행복을 유지하면서 더 많은 돈을 벌고, 더 재미난 곳에 사용할 수 있을까?'

이런 마음이 들기 시작했다면 제대로 돈기부여가 된 상태라고 할 수 있다. 우리는 이제 이 에너지를 유지하면서 수익을 극대화시키는 방법을 찾아야 한다.

그렇다면 돈을 쓰면서 수익을 극대화시키는 방법은 무엇일까? 알고 보면 간단하다. 우리 모두가 알고 있지만 현실적으로 힘들다고 생각했던 바로 그 방법, 자신이 좋아하는 분야를 배우고 그 분야에서 성공하는 것이다. 확언하건대, 이 방법이야말로 당신의 삶을 행복하게 만드는 지름길이다.

"좋아하는 일을 하고 살면 좋죠. 그런데 좋아하는 일만 하면서 사는 사람이 세상에 몇이나 되겠어요? 그러다가는 굶어죽기 딱 좋은 게 현실이에요. 속 편한 소리 하시네."

이렇게 말하는 사람도 있을 것이다. 굶어죽는다고? 과연 그럴까? 다시 질문해보자. 여태까지 우리는 주로 돈으로 사고 싶은 물건을 사거나 가고 싶은 곳을 가거나 하고 싶은 것들을 해왔다. 여러분은 어떤 것에 돈을 쓸 때 가장 큰 행복을 느꼈는가? 당연히 여러분이 가장 좋아하고 관심 있는 분야에 돈을 쓸 때 가장 행복했을 것이다.

돈이 한정되어 있기 때문에 효율적으로 사용하려고 노력하다 보면 당연히 생계 관련 비용 외에는 내 관심분야로 쏠릴 수밖에 없다. 그 관심분야가 바로 당신의 생업이 되어야 한다. 좋아하는 일이 생업이 되는 것은 그 자체만으로도 행복한 일이지만, 가장 큰 이유는 경제적으로도 훨씬 이득이기 때문이다. 이해를 돕기 위해 예시를 들어보자.

친한 후배 중에 클래식한 정장을 좋아하는 재승이라는 친구가 있다. 재승이는 자신이 원하는 스타일의 옷을 맞춰 입기 위해 얼마 되지 않는 월급을 꺼내 쓰곤 했다. 출근할 때마다 자신이 좋아하는 일이 아닌 업무를 하며 괴로워했지만, 꼬박꼬박 나오는 월급 덕분에 입고 싶은 옷을 사 입을 수 있다며 위안을 얻고 있었다. 이 친구의 낙은 잡지나 인터넷으로 '남성 패션'을 보고 구매해서 입는 것이었다. 옷을 살 수 있는 돈은 한정되어 있으니 최대한 많은 스타일을 눈으로 보고 자기 나름대로 분석을 해보기도 했다.

'이런 색의 옷은 좀 더 많은 옷에 코디가 가능하니까 효율적이겠다. 이런 옷은 특별한 날에 이런 색의 양말과 매치하면 좀 더 좋겠는데? 이번 달에는 이것부터 사야겠다.'

아마 대부분의 사람들이 여기까지는 비슷한 절차를 밟을 것이다. 나는 전역 후 다른 진로를 꿈꾼다는 그 후배에게 한 가지 제안을 했다.

"굳이 다른 일을 찾지 말고 정장 회사 쪽에서 일해봐. 그러면 직원이니까 정장도 훨씬 싸게 맞출 수 있을 거고, 매장 디스플레이도 직접 한다고 해. 어차피 분석하잖아, 옷 코디 같은 거."

나의 조언을 받아들이기로 한 후배는 얼마 후 맞춤정장 회사에 취업했다. 이후 그는 어떻게 됐을까? 처음에는 정직원으로 취업하지 않고 아르바이트생처럼 고객들이 많은 주말에만 일을 나갔다. 단순히 시키는 업무만 하는 다른 직원들에 비해 눈빛이 초롱초롱한 후배를 보며 회사의 대표도 기분이 좋아졌을 것이다. 후배는 얼마 지나지 않아 고객들에게 직접 상담을 해주고, 매장의 디스플레이까지 도맡아서 하게 되었다. 평소에 좋아했던 정장도 원단 값만 주고 마음껏 맞출 수 있게 되었다. 월급보다 정장의 구매를 통해 얻는 이익이 더 컸을 정도이니, 월급이 조금 줄어들었더라도 실제 쓰는 돈은 훨씬 줄었다. 그뿐만 아니라 최근에는 대표의 러브콜까지 받았다며 이렇게 말했다.

"형, 대표님이 매장 새로 내면 나한테 지점 맡아달래."

지금은 다른 꿈을 꾸고 있는 후배지만, 좋아하는 일을 하면서 사는 삶이 얼마나 경제적, 시간적으로 효율적인지 보여주는 실질적인 예다. 좋아하는 일을 실컷 하면서 상사에게 인정도 받고, 승진과 함께 급여도 오른다면 세상에 이것보다 행복한 삶이 있을까?

그렇다면 대체 왜 우리는 좋아하는 일을 하겠다고 마음먹지 못할까? 이유는 생각보다 단순하다.

1 좋아하는 일을 하면 경제력을 포기해야 한다고 생각한다.

2 좋아하는 일을 하면 삶이 안정적이지 않다고 생각한다.

3 좋아하는 일을 하겠다고 하면 주변의 시선이 곱지 않다.

우리는 대체로 이런 고정관념들을 가지고 있는데 그야말로 말도 안 되는 소리다. 다시 한 번 잘 생각해보자. 정말 그렇게 생각하는가? 무슨 근거로 그렇게 생각하는가? 좋아하는 일을 하면서 굶어죽는 사람이 주변에 있다면 이해라도 하겠다. 대체 왜 좋아하는 일을 하면 '위험하다, 불안정하다, 돈을 못 번다'라고 생각하는지 그 근거를 찾아볼 수가 없다. 차라리 좋아하는 일이 뭔지 모르겠다고 솔직히 말하는 게 낫지. 위의 세 가지 이유에 대한 질문을 달아보자.

1 부자가 된다 한들 하루 종일 좋아하지 않는 일을 하면 행복할까?

2 싫어하는 일을 하면서 삶이 안정적이라는 것은 말이 되는가?

3 일하는 게 죽도록 싫다고 말하면 "원래 다 그래"라고 대답하는 사람들이 더 이상하지 않은가?

제발 부탁인데 낡아빠진 고정관념은 버리자. 하다못해 노력이라도 해보고 말하기 바란다.

왜 가야 하는지도 모르는 대학교에 들어가기 위해 최소 몇 년은 공부했으면서, 왜 가장 중요한 자신의 꿈을 위해서는 1년도 제대로 투자하려고 하지 않는가? 웬만한 분야에서는 1년만 제대로 투자해도 좋아하는 일로 먹고살 실마리가 생긴다. 아직 하고 싶은 일을 찾지 못했다면 어디에 돈을 써야 가장 행복해지는지 찾아라. 그게 자신이 좋아하는 일과 연관될 확률이 높다. 좋아하는 일을 한다는 것은 돈을 아낄 수 있는 가장 빠른 지름길이며, 부자가 될 가능성이 가장 높은 투자이고, 삶을 행복하게 해주는 치트키다.

우리가 쓰는 것 중 가장 값비싼 것은 시간이다.
- 테오프라스토스

사회생활을 하다 보면 배우고 싶은 것이 있어도 포기하는 경우가 많다. 대부분 이런 이유들 때문이다.

1 하루 종일 일하다 보니 너무 피곤해서 힘들다.

2 야근, 회식, 주말 출근이 많아 시간이 불안정하다.

3 빠지기 힘든 경조사, 가족행사 등이 생긴다.

단호하게 말하자면 1번은 어쩔 수 없다. 퇴근 후 너무 피곤해서 아무것도 못하겠다면 평생 지금처럼 피곤하게 살면 된다. 이번에 말하고자 하는 것은 2, 3번에 대한 내용이다. '시간이 불안정해서 배우지 못한다'라는 말은 좀 더 풀어보면 '시간이 불안정하기 때문에 돈을 내고도 빠지는 수업이 많다. 그래서 낸 돈에 비해 배우는 것이 비효율적이다'라는 뜻이다. 물론 비효율적일 수 있다. 만약 우리가 정상적으로 퇴근을 할 때마다 꽤 생산적인 행동을 한다면 말이다. 굳이 돈을 내고 강의를 듣지 않아도 불규칙적인 여유시간을 이용해 무언가를 독학할 수 있다면 그것보다 좋은 것은 없다. 그렇다면 한번 자문해보자.

'나는 정말 그렇게 살고 있을까?'

대부분 그렇지 않을 것이다. 비효율적이라는 이유로 배움을 포기하고, 여전히 빈둥거리며 남는 시간과 돈을 쓸데없는 곳에 소비한다. 돈이 아까워 배우는 시간을 포기한 셈인데, 그렇게 아낀 돈을 쓸데없는 곳에 다시 쓰는 말도 안 되는 현상이 일어난다. 대체로 이러한 사실을 인지조차 못한다는 게 더 큰 문제다.

과감히 말하건대, 부디 배울 때에는 효율을 따지지 않길 진심으로 바란다. 한 달에 8회 듣는 강의를 4회밖에 못 들어서 돈이 아까운가? 분명한 건 그로 인해 적어도 당신은 한 달 전보다 성장했다는 것이다. "야, 그렇게 절반밖에 못 갈 바엔 다니지 마. 돈 아깝다"라고 말하는 사람들보다 앞서나가기 시작한다. 그러므로 전혀 아까워할 필요도, 아쉬워할 필요도 없다.

비교 대상은 언제나 나 자신이다. 다른 사람들이 100퍼센트 출석하고, 조금 더 앞서나간다고 해서 부러워하거나 불안해하지 않아도 된다.

당신이 노느라 빼먹은 것이 아니라면 적어도 시간을 헛되이 보내지는 않은 것이다. 수업에 50퍼센트만 출석했을지라도 시간을 낭비한 적이 없다면 장기적으로 봤을 때 절대 손해가 아니다. 우리가 살면서 쓸 수 있는 시간은 제한적이지만, 돈을 벌 수 있는 가능성은 무한대다. 따라서 효율적으로 사용해야 하는 것은 시간이지 돈이 아니다.

이렇게 말하는 나 또한 돈을 굉장히 비효율적으로 쓰는 사람 중 하나다. 몇 년 전 일주일에 4회 가는 테니스 레슨을 끊어놓고, 출근 시간이 당겨져서 1~2회만 가게 된 경우도 허다했다. 주말마다 있었던 수업은 비계획적인 출근으로 인해 한 달에 한 번밖에 못 간 적도 있었다.

나는 7년 넘게 군 생활을 했지만 모아놓은 돈이 거의 없었다. 같이 군 생활을 시작했던 친구들 중에는 돈을 잘 모아서 7년 동안 1억 넘게 모은 친구들도 많았다. 이를 두고 부모님이 얼마나 비교를 많이 했는지 모른다.

그렇다면 내가 20대의 7년 동안 1억을 포기하고 얻은 것은 무엇일까? 바로 새로운 삶을 위한 기반이었다. 1억은 벌지 못했지만 진정으로 좋아하는 일을 하며 살 수 있게 되었다. 돈에 구애받지 않고 살 수 있는 지식과 지혜, 지인들을 얻게 되었다. 이 책은 그에 대한 생생한 증거다.

대부분의 사람들이 알다시피 군인들은 복무 기간 동안 관사나 독신자 숙소를 이용할 수 있다. 특히 독신자 숙소의 경우에는 한 달 관리비 15,000원이면 거의 무제한으로 난방과 에어컨을 사용할 수 있고, 보증금 또한 없다. 때문에 젊은 간부들은 대부분 부대 안의 독신자 숙소를 이용한다. 반면 나는 약 8년의 군 생활 동안 부대 안의 독신자 숙소에서 살았던 기간이 3개월밖에 되지 않는다. 3개월 정도 살아본 결과, 역시 나의 가치관과는 절대 맞지 않다는 것을 다시 한 번 뼈저리게 느꼈다.

만약 단순히 돈을 효율적으로 사용하려고 한다면 무조건 독신자 숙소를 이용하는 것이 맞다. 하지만 나는 부산 서면의 오피스텔에서 살며 보증금은 별도로 하고, 월세와 관리비를 포함해 월 평균 70만 원 정도씩을 내고 있다. 군인들뿐만 아니라 거의 모든 사람들이 이런 내 행동을 절대 이해하지 못할 것이다. 내가 이런 집에 사는 이유는 꽤 단순하다.

첫 번째, 돈기부여의 법칙에 따라 번화가 중심의 멋진 곳에 살아보고 싶었다.

두 번째, 부산에 있는 기간 동안 90퍼센트의 배움이 서면에서 이루어지고 있다.

매달 70만 원이라는 돈은 내 월 수익에 비하면 꽤 많은 돈이기도 하고, 독신자 숙소에 비하면 말도 안 되게 큰 금액이다. 하지만 반대로 다시 생각해보면 충분히 생활이 가능한 정도의 지출이다. 나는 서면의 오피스텔을 싹 다 찾아보면서 가장 마음에 드는 곳을 골랐고, 그 과정에서도 동기부여와 색다른 경험을 얻을 수 있었다. 또한 부산에 약 2년 동안 있으면서 90퍼센트 이상의 중요한 만남과 학원들이 서면에 집중되어 있다는 사실을 몸소 느꼈다. 나는 직장과 가까운 김해공항의 독신자 숙소에도 살아봤고, 집값이 비싼 서면에서 벗어나 어느 정도의 절충선인 개금역 근처 원룸에도 살아보았다.

단순히 돈의 관점에서 본다면 효율적인 순위는 서면<개금<김해공항 순이었고, 그와 반대로 시간과 배움의 관점에서 본다면 효율적인 순위는 정확히 그 반대(김해공항<개금<서면)였다. 어떤 것을 당장의 우선순위로 둘지 선택해야 했고, 나는 당연히 후자를 선택했다. 서면에 살면서 굉장히 많은 것들이 편해지고, 그동안 하던 고민이 사라졌다. 예전 같았으면 이런 고민을 적어도 일주일에 한두 번은 했을 것이다.

'아, 오늘도 서면에 갈까? 좀 피곤한데, 그래도 학원은 가야겠지. 오늘만 빠지고 내일 갈까?'

지금은 당연히 이런 고민을 할 필요가 없다. 퇴근하고 집에 오면 서면이니까. 대신 이런 새로운 고민들이 생겼다.

'서면에 사는 장점을 살려서 뭐라도 더 배우고 경험해볼 수 있지 않을까? 뭘 더 해볼까? 뭘 더 배워볼까?'

이 글을 읽는 여러분이 어떤 생각을 할지 대충 예상이 된다. 여러분이 사는 지역에는 서면 같은 곳이 없을 수도 있고, 서울로 치면 강남 같은 곳인데 70만 원으로는 턱도 없으니 나와는 상황이 다르다고 생각할지도 모른다. 하지만 내가 말하려는 것은 단순히 '무조건적으로 좋은 집에 살아봐라!'라는 것이 아니다. 돈을 벌기 위해 단순히 돈을 아끼려고 노력하는 것만큼 비효율적인 행위는 없다는 말이다. 경제적 여유를 갖고 싶다면 지금부터 우리 '인생의 효율'이라는 초점을 돈이 아닌 시간과 경험, 배움에 맞춰야 한다.

지금보다 최악의 상황은 없다고 생각하라

최선을 다하고 있다고 말해봤자 소용없다.
필요한 일을 함에 있어서는 반드시 성공해야 한다.
- 윈스턴 처칠

많은 교육을 받다 보면 우리는 자신감과 확신에 차게 된다. '난 무조건 성공할 거야. 이렇게 열심히 배우고 노력하는데!'라고 생각한다. 물론 맞다. 당신은 성공할 것이다. 지금의 마음가짐을 끝까지 유지할 수만 있다면 말이다.

어차피 해내야 할 일을 부정적으로 '난 안 될 거야'라고 생각하는 것만큼 멍청한 짓은 없다. 그런데 내가 이 책을 통해 말하고자 하는 것은 '당신은 무조건 성공한다!'라는 무책임한 주장이 아니다. 좀 더 현실적으로 이야기해보자.

꽤 많은 사람들이 성공하기 위해, 부자가 되기 위해 비싼 교육을 듣는

다. 그 비싼 돈을 내고 강의를 듣는 사람들은, 단순히 우리나라 인구로 치면 이미 1퍼센트의 범주에 들지도 모르는 사람들이다. 그렇다면 그런 강의를 듣는 사람들은 모두 성공해야 하지 않을까? 안타깝게도 전혀 그렇지 않다.

성공이나 부와 관련된 모든 교육에서 자신의 성공을 확신하고 끊임없이 머릿속에 생생하게 그리라고 말한다. 미래일기, 백백드림 등이 그 예라고 볼 수 있다. 현실적으로 생각해보라. 생각만 한다고 해서 당연히 그런 것들이 이뤄질 리가 없다. 생각만 한다고 해서 이루어진다면 우리 집 차고에 람보르기니가 10대는 있어야 한다. 어쨌든 성공에 대해 확신을 가지라는 것은, '끊임없이 성공에 대해 생각하고, 그에 맞게 실행하라!'라는 의미다. 이렇게 보면 결국 중요한 것은 생각이 아니라 생각에서 비롯된 '행동'이다.

교육을 듣는 모든 사람들의 실행력이 넘쳐난다면 굳이 "성공에 대한 확신을 가져라!"라는 말을 할 필요가 없지 않을까 싶다. 세상에는 확실한 것을 좋아하는 사람들이 많다. 하다못해 투자도 확률적으로 성공률이 높아 보이는 곳에만 한다. 그것이 시간이든 돈이든 말이다. 리스크를 감수하려는 사람들은 많지 않다.

지속력을 갖고, 포기하지 않고, 꿈에 몰입하며, 리스크 또한 과감하게 수용할 수 있는 용기를 갖고 행동하기까지는 조금 더 강한 동기부여가 필요하다. 내가 생각하는 강한 동기부여란 이런 것이다.

'지금보다 나은 미래를 향하는 것이 먼저가 아닌, 지옥 같은 현실에서 탈피하고자 하는 것.'

예를 들면 이렇다.

성공과 돈이라는 과일이 달린 나무가 있다고 치자. 과일이 엄청 탐나긴 하지만, 먹지 않는다고 해서 죽는 것은 아니다. 게다가 나는 맨몸이고 나무에 오를 만한 도구조차 없다. 이 경우 어느 정도 올라가 보다가 손이 까져 피가 나기 시작하면 포기하기 쉽다. 또는 좋은 장갑과 나무에 오르기 편한 도구를 가진 사람들을 보면 의욕을 상실하기도 한다.

아무리 탐나는 과일이라도 마찬가지다. 과일을 직접 먹어보지 않았으니, '먹으면 맛있을 거야!'라고 추정만 할 뿐 실제 맛은 알 수가 없다. 반면 손이 까진 것은 직접경험이다. 언제나 직접경험은 간접경험을 이기게 되어 있다. 이 경우 대부분 쓰라린 손을 소독하며 "별로 맛없을 거야", "저런 과일은 아무나 먹는 게 아냐"라고 말하며 나무에 오르길 포기한다.

이번에는 넓은 초원에서 사자가 나를 쫓아오고 있다고 치자. 정신없이 도망치던 중 높은 나무를 발견했다. 이럴 때에는 나무에 달려 있는 과일이 맛있든 말든 상관없다. 살고 싶으면 올라가야 한다. 사자가 나를 잡아먹으려고 기다리는 상황에서 손에 피가 난다고 포기할 수 있겠는가? 다른 사람들이 장갑을 끼고 도구를 가지고 있다고 해서 의욕을 상실하겠는가? 이제는 상황이 전혀 달라졌다. 나에게 더 이상의 핑계와 이유는 필요 없다. 무조건 올라가지 않으면 잡아먹힐 뿐이다. 손에 피가 나고, 몸에 힘이 풀리는 상황에서 우리에게 필요한 것은 긍정 마인드다.

'난 올라갈 수 있어!'

'난 무조건 성공할 거야!'

사자의 존재를 '현재의 고통'이라고 생각해보자. 현재의 고통 없이 '성공할 수 있다'는 긍정적인 마인드를 유지할 수 있을까? 끊임없이 행동해 나갈 수 있을까? 이 질문에 대한 답을 고민하면서 나는 그동안 여러 교육을 받으며 만나왔던 다양한 분야의 수많은 사람들을 떠올렸다. 교육을 받고도 삶이 변화하지 않는 사람들은 크게 두 가지 부류로 나뉘었다.

첫 번째 부류는, 교육이란 교육은 다 찾아다니면서 막상 현실은 제자리에 머물러 있는 사람들. 나는 이들을 '교육중독자'라고 말한다. 수강료는 수강료대로 끊임없이 나가는데, 강의를 듣는 것 자체를 목적으로 삼고 현실에서는 전혀 리스크를 감수하려고 하지 않는다. 이들은 여러 가지 교육들을 하도 많이 듣다 보니 최근 트렌드는 다 알고 있다. 4차 산업혁명에 대한 지식과, 미래에는 모두가 1인 기업이 될 것이라는 확신을 가지고 있다. "난 무조건 성공할 거야!"라는 말을 입에 달고 살지만, 그에 맞춰 뭘 준비하고 있는지 구체적으로 당당하게 말하지 못한다.

두 번째 부류는, 교육을 한창 듣다가 중간에 그만두고 현실에 대한 부정만 하는 사람들. "이제 다 아는 내용이야. 다른 교육 들어봤자 맨날 뻔한 소리만 해", 혹은 "하라는 대로 해봤는데, 난 안 되더라. 어차피 될 놈은 되고 안 될 놈은 안 돼"라는 식이다. 무작정 긍정적인 마음을 먹었다가 현실의 벽에 부딪혀 무너진 케이스다.

교육을 받고 긍정에너지가 넘치다가도 본인보다 뛰어난 경쟁자들을 자꾸 보다 보면 대부분 '저런 사람들 속에서 감히 내가 성공할 수 있을까? 애초에 불가능한 목표 아니었을까?' 하고 의구심을 갖는다. 하려는 일을 차별화시켜서 독보적인 사람이 되겠다고 아무리 생각해봐도 세상에는 별의별 또라이들이 넘치고, 기발한 생각이라고 믿었던 아이디어들은 이미 시장에 깔려 있다. 이 사람들은 '그냥 하던 일이나 하자', 또는 '역시 안정적인 직장이 최고라는 이유가 있구나. 세상을 모르는 건 그 사람들이 아니라 나였어'라고 하며 포기한다.

이 사람들의 생각을 한번 분석해보자. 첫 번째 부류의 사람들은 교육을 듣는 것 자체에서 위안을 얻는 것이다. 안정적인 직장의 덫에서 벗어나 꿈을 찾겠다고 해놓고, 자신과 동질감을 느낄 만한 사람들과 어울리며 공감과 위로만을 즐긴다. 마치 비싼 돈을 주고 해외에 어학연수를 가서 한국인들이랑 노는 것과 비슷한 상황이다.

두 번째 부류의 사람들은 애초에 동기부여가 부족하거나 교육을 잘못 받은 경우가 많다. 이들은 애초에 '이것보다 최악의 상황은 없다!'라는 현재의 고통을 기반으로 교육을 듣기 시작한 것이 아니라 온·오프라인에 떠도는 '혹하는 마케팅'에 속아 '나도 이 교육만 들으면 부자가 되겠지!'라는 생각만으로 시작한 사람들이다.

요즘 1인 기업이 우후죽순 생겨나고, 지식콘텐츠 시장이 폭발적으로 성장하면서 미성숙한 강사들이 시장에 넘쳐나고 있다. 실제 성공한 경험이 없는 사람들이 본인조차 해본 적 없는 성공에 대한 교육을 하니, 수강생들은 당연히 어느 순간 현실의 벽에 가로막히는 경험을 할 수밖에 없다. 그 결과 다시 과거로 돌아가 불평불만 속에 살게 된다.

이처럼 지속적인 동기부여가 없다면 어차피 긍정적인 마인드는 쉽게 깨진다. 우리가 원하는 것은 현재의 삶을 보다 나은 방향으로 이끌어가는 것이다. 인생이 바뀌는 임계점을 돌파하기 위해서는 무책임한 긍정 마인드로는 부족하다. 보다 높은 차원의 동기부여를 위해 '난 무조건 성공할 거야'라는 무책임한 긍정이 아닌 '지금보다 최악의 상황은 없다!'라는 생각으로 독하게 임하라.

어떻게든 즐기면서 배우는 방법을 찾아라

어떤 사실을 아는 사람은 그것을 좋아하는 사람만 못하고,
좋아하는 사람은 즐기는 사람만 못하다.
- 공자

무언가를 배울 때 그 과정조차 재미있다면 삶이 얼마나 행복할까? 우리는 흔히 '공부'라는 단어 자체에 큰 거부감을 가지고 있다. 아, 물론 아닌 사람도 있겠지만 적어도 나는 그렇다. 이유는 간단하다. 어렸을 때부터 "공부해야 된다"라는 말을 지겹도록 들어왔을 뿐만 아니라 공부라고 하면 책상 앞에 앉아 교과서와 문제집만 들여다보는 이미지가 떠오르기 때문이다.

공부는 '학문이나 기술을 배우고 익힘'이라고 정의된다. 그런데 성인이 된 우리는 경험으로 안다. 무언가를 배우기 위해서는 단순히 책상 앞에 앉아야 되는 것이 아님을 말이다. 무언가를 배울 때 그 과정조차 재

미있다면 삶이 얼마나 행복할까?

최근 《완벽한 공부법(이하 완공)》이라는 책이 베스트셀러로 끊임없이 떠오를 정도로 공부 방법에 대한 연구는 계속되어왔고, 앞으로도 사람들의 관심은 끊이지 않을 것이다. 완공의 저자인 신영준 박사는 강연에서든 책에서든 항상 강조한다.

"공부하는 방법보다 절대적으로 투자하는 시간의 양이 중요합니다."

이보다 더 확실한 공부법은 존재하지 않는다. 이걸 누가 모르냐고? 맞다. 이걸 몰라서 공부를 못하는 사람은 없다.

공부는 재미가 없고 귀찮다. 반면 세상에는 재미있는 것들이 넘쳐난다. 청소년 시절에는 미처 알지 못했던, 누리지 못했던 엄청난 자유와 유혹이 대학생활과 사회생활 중에 다가온다. 이 수많은 유혹을 이겨내고 무언가를 배우기 위해서는 어떻게 해야 할까? 공부가 그런 유혹들보다 더 재미있고 덜 귀찮아지면 된다. "어떻게 공부가 재미있고 덜 귀찮을 수가 있지?"라고 묻는다면 다시 되묻고 싶다. 찾아는 봤느냐고.

나는 배움에 있어서 확고한 신념을 갖고 있다. 첫 번째는 내 꿈과 명확히 연결되어야 하고, 두 번째는 배우는 과정조차 재미있어야 한다. 어떤 방식으로든. 이 두 가지 중 한 가지라도 성립하지 않는다면 석 달 치 수강료를 내고도 돈보다 시간이 아깝다며 그만두는 게 나라는 인간이다. 이와 같은 이유로 여기저기 돈을 얼마나 뿌리고 다녔는지 모른다.

그런 내가 2017년이 되면서 사람들에게 선포하기도 했고, 더 이상 물러설 수 없는 공부가 있었는데 바로 '영어'였다. 세계 최고의 동기부여 전문가가 되기 위해서는 당연히 영어를 배워야 했다. 해외의 문화도 알아야 하고, 새로 쏟아져 나오는 지식도 공부해야 하는데 한국어만으로는 끝없이 한계에 부딪혔다.

나는 그동안 가지각색의 변명들로 영어만큼은 피해왔었다. 가장 큰 이유는 혼자 공부하자니 너무 재미가 없고, 학원을 다니자니 귀찮기 때문이었다. 이 문제들을 해결하지 않는다면 나에게 영어를 배운다는 것은 불가능했다.

머릿속에서는 정확히 두 가지 해결책이 떠올랐다. 그토록 말하고 다녔던 것처럼 영어를 잘하기 위해서는 영어를 잘하는 사람과 어울리고, 영어를 잘하기 위해 성장하고 있는 사람들과 친해지면 되었다. 그러면 훨씬 거부감 없이 재미있게 배울 수 있을 것 같았다. 그래서 처음에는 영어회화 스터디를 알아보려고 했다. 그런데 스터디에는 어느 정도 실력이 되는 사람들이 나오기 때문에 나 같은 영어 포기자가 당장 끼어들 자리가 없었다.

나는 학원에 가기로 했다. 학원에 가서 사람들과 친해지고 좋은 강사한테 배우는 게 당시로서는 최선이었다. 서면에 있는 유명 영어회화학원의 커리큘럼이 특히 마음에 들었다. 평일에는 하루 90분씩 드라마, 뉴스, 팝송을 보면서 시키는 대로 따라 하고, 토요일에는 다섯 시간씩 평일에 했던 내용을 반복했다. 완벽하게 내가 원하는 스타일의 강의였다. 책만 보고 문제만 푸는 수동적인 수업 방식이 아닌, 강사와 다른 수강생들과 소통할 수 있는 쌍방향의 강의였다.

개금에서 서면으로 이사했을 때가 정확히 이 시점이었다. 서면으로 이사한 이유는 여러 가지 있었지만, 결정적으로 영어공부를 해야 하는데 학원과 스터디들이 모두 서면에 있었던 것이 크게 작용했다. 친구들은 그런 나를 보고 "역시 조현우답다"라며 웃었고, 부모님에게는 걱정하실까 싶어 따로 자세히 말씀드리지 않았다.

그렇게 집을 옮기고, 괜찮은 커리큘럼의 학원에 다님에도 불구하고 무언가 동기부여가 부족했다. 무언가 더 재미있게, 더 몰입해서 영어공부를 하고 싶었다. 그래서 친구 세찬이의 추천에 따라 다른 곳을 알아보았다.

서면에 있는 스터디 형식의 학원이었는데 화, 금요일마다 7~10시까지 또래 친구들과 영어공부를 하는 스터디였다. 나이 제한이 20~26세라는 것도 마음에 들었다. 아무래도 또래들과 함께 하면 훨씬 재미있을 테니 말이다. 수강 제한 인원이 있어서 자기소개를 메일로 보내면 그중에서 고른다는 공지 글을 보고 나름 패기 있게 자기소개를 써서 보냈다.

"현역 공군 장교로 근무하고 있는 조현우입니다. 작년에 《만나는 사람을 바꿔야 인생이 바뀐다》라는 책을 출간했고, 세계 최고의 동기부여 전문가라는 꿈을 가지고 있습니다. 세계적으로 쏟아져 나오는 방대한 자료들을 빠르게 습득하기 위해서는 영어 원서와 유튜브를 보는 능력이 반드시 필요합니다. 평생 영어와는 담을 쌓고 살았습니다. 이제는 그 담을 박살내고 싶습니다."

결과는 탈락이었다. 떨어진 이유조차도 따로 알려주지 않았다. 세찬이를 통해 관계자와 연락을 취하려고 해도 연락이 닿지 않았고, 두 번째 메일을 보내봐도 묵묵부답이었다.

나는 또 다른 방법을 찾기 시작했다. 이번에는 언어교환모임이었다. 방식은 굉장히 단순했다. 영어를 가르치는 강사도 없고, 딱히 진행자라고 할 만한 사람도 없었다. 서면의 한 카페에서 월, 목요일마다 세 시간씩 외국인과 한국인이 모여 커피를 마시며 자유롭게 대화를 할 뿐이었다.

처음에는 대체 무슨 소린지 이해할 수가 없었다. 한국인들은 유학을 다녀왔거나 오랫동안 영어공부를 한 사람들이 많았고, 외국인들은 영어권 국적이 아니어도 대부분 영어를 자유롭게 사용했다. 학원이 아니다 보니 영어를 거의 못하는 나는 설 자리가 없었다. 사람들은 나를 굳이 챙길 필요가 없었고, 대화가 되는 사람들끼리 편하게 이야기를 이어갔다.

이 모임은 정확히 말하면 영어를 배우는 데 크게 도움이 되지는 않았다. 하지만 엄청난 동기부여가 되었다.

'영어를 잘하는 애들은 다 여기 모였나, 영어 잘하는 사람이 왜 이렇게 많아. 나도 저렇게 영어로 편하게 대화하고 싶다.'

이후로 몇 달이 지난 지금까지도 나는 시간이 날 때마다 언어교환모임에 꾸준히 나가고 있다.

영어공부 방법은 서점에 가보면 관련 책들이 수도 없이 많을뿐더러 독학할 수 있는 시스템도 이미 다 갖춰져 있다. 나는 서면의 영어회화학원에서 배웠던 방식대로 영화, 드라마, 팝송, 뉴스를 이용해 독학을 시작했다. 독학의 사전적 의미는 '스승 없이, 또는 학교에 다니지 않고 혼자 공부함'이지만, 내가 이전까지 생각했던 독학의 뜻은 '독하게 공부함'이었다. 그만큼 혼자 공부하는 것이 재미없고, 독한 사람들만 가능한 일이라고 생각해왔기 때문이다. 하지만 매주 언어교환모임에 나가면서 동기부여를 받고, 몇 달 동안 혼자 꽤 독하게 영어공부를 했다. 또 친구들과 대화를 할 때나 기회가 생길 때마다 영어를 꾸준히 사용했다.

그 결과는 어떻게 됐을까? 그렇게 질색했던 영어가 어느 순간부터 재미있어졌다. 오해하지 않길 바란다. 아직까지도 나는 영어를 더럽게 못한다. 하지만 몇 년 지나지 않아 영어를 잘하게 될 거라고 확신할 수 있다. 영어공부가 배움에 대한 신념 두 가지를 모두 충족시켰기 때문이다. 꿈과 영어공부가 명확히 연결되고, 배우는 과정이 재미있다. 재미를 찾다 보니 결국 꾸준히 영어공부를 할 만한 '내 상태'를 만들 수 있었다. 또한 나에게 딱 맞는 영어공부 방법도 찾을 수 있었다. 이러면 영어를 못할 이유가 없지 않은가.

학원을 다니다가 그만두고, 집을 이사하고, 정보를 조사하고, 메일을 보낸 이 모든 시간 중 1분 1초라도 낭비되었다고 말할 수 있을까? 그렇지 않다. 이제는 죽도록 싫어도 꿈을 이루기 위해 꼭 배워야 하는 것이 있다면, 재미있게 배우는 방법을 먼저 찾는 것이 무엇보다 중요하다는 사실을 알기 때문이다.

돈 욕심 없다는 말도 안 되는 소리 하지 마라

돈이 없어도 행복해질 수 있다고 자신을 속여서는 안 된다.
- 사토 도미오

자신은 꿈이 있다며, 안정적인 삶만 추구하지는 않는다고 자랑스럽게 이야기하는 친구들 중에 이렇게 말하는 경우가 꽤 있다.

"난 돈 욕심 없어. 그냥 하고 싶은 일 하면서 먹고살 정도만 벌면 돼."

이렇게 말하는 사람들은 아마도 자신을 멋지다고 생각할 것이다. 돈에 연연하지 않고, 당당하게 꿈을 좇는 자신의 모습을 보면서 말이다. 결론부터 말하면 이는 큰 착각이다. "먹고살 정도만 벌면 돼!"라고 말하는 사람들에게 이런 질문을 해보면 금방 탄로 난다.

"대체 얼마를 벌어야 먹고사는데?"

안타깝게도 그런 현실감 없는 마인드로는 당장 먹고살기조차 힘들어질 것이다.

예전에 스타강사 김미경의 강연을 듣다가 유독 뇌리를 스쳤던 말이 있다.

"70퍼센트의 좋아하는 일을 하기 위해서는 30퍼센트의 죽도록 하기 싫은 일을 해야만 합니다."

사람들은 꿈을 이루고 싶다고 하면서 왜 굳이 돈 욕심이 없다는 말을 뒤에 붙이는 걸까? 결국 하기 싫은 일 30퍼센트를 하지 않겠다는 자기 합리화 아닐까? 나는 돈 욕심이 없다고 말하는 사람들 중에서 꿈을 이룬 사람을 본 적이 없다. 좋아하는 일은 어느 누구나 잘하기 때문에, 꿈의 성공과 실패는 죽도록 하기 싫은 30퍼센트에 달려 있다고 할 수 있다. 이와 관련해 한창 부동산 투자를 공부할 때 투자 고수들이 공통적으로 하던 말이 있다.

"대부분의 사람들은 화려하고 보기 좋은 곳을 선호하지만, 진짜 수익은 사람들이 잘 찾지 않고 꺼려하는 노후된 건물에서 나옵니다. 하지만 이런 좋은 기회들은 열심히 발품 팔고 지루한 조사를 꾸준히 해낸 사람들에게만 주어집니다. 부동산도 눈이 있어서 자신의 진짜 가치를 알아보지 못하는 주인에게 가지 않는 거죠."

부동산에도 눈이 달려 있듯이, 돈에도 보는 눈이 있다. 아무리 돈이라 한들 자신을 절실히 필요로 하지 않는 사람에게 가고 싶겠는가? 절대 그럴 리 없다.

"꿈을 이루면 어차피 돈은 따라오게 되어 있습니다."

자기계발서나 강연에서 이런 말을 많이 들어봤을 것이다. 이 말을 오해하는 사람들이 굉장히 많은데, 꿈을 꾸는 데 있어서 당장 돈만 바라보고 흔들리지 말라는 것이지 절대 돈을 배제하라는 뜻이 아니다.

일이라는 것은 인간의 생계를 보장해주는 것 이상의 역할을 한다. 인간의 삶에서 직업은 자신의 존재가치이자 상징이다. 성인이 되면 자신을 소개할 때 가장 먼저 무슨 말을 꺼내는가? 90퍼센트 이상이 "난 이런 일을 하는 사람입니다"라고 소개한다. 이런 자신의 가치를 돈 자체에 맞추지는 말라는 말이다.

"나는 선한 영향력을 끼치는 사람이 되고 싶어."

이 말은 내가 강연에서 항상 하고 다니는 말이기도 하고, 교육을 다니면서 주변 사람들에게 많이 듣는 말이기도 하다. 이 말도 오해하지 않길 바란다. 선한 영향력을 끼치는 사람이 되고 싶다는 것은, 전적으로 나의 이기심을 채우기 위함이다. 나 자신도 돈을 많이 벌면서 사람들의 삶 또한 성장시켜줄 수 있는 일을 하고 싶다. 부자가 되어 사회에 기여하며 살고 싶다. 정확히 말하면 이타적으로 이기심을 채우겠다는 뜻이다.

우리는 영향력이 돈으로 환산되는 시대에 살고 있다. 동기부여 전문가의 꿈을 가진 사람으로서 나는 최대한 많은 사람들에게 긍정적인 변화를 이끌어내고 싶다. 이유는 간단하다.

'최대한 많은 사람들에게 긍정적인 변화를 이끌어내는 것이야말로 선한 영향력을 끼치는 일이며, 동시에 자아실현을 이루는 일이니까. 또한 생계를 책임질 수 있는 일 중에 내가 가장 재미있어 하는 일이니까'

그렇게 번 돈으로 삶이 풍요로워지고, 사회에 기여할 수 있을 정도로 여유로워진다면 이것이야말로 진정한 의미의 이타적인 삶 아닐까? 당장 먹고살기도 만만찮은데 무슨 개뿔의 선한 영향력 타령을 하겠는가.

"난 돈 욕심 없어"라고 말하는 두 번째 경우는 '선한 영향력'의 덫에 빠진 사람들이다. 이 사람들은 선한 영향력을 끼치기 위해 성인군자처럼 살아가려고 노력한다. 아무리 좋은 콘텐츠와 물건이 있어도 주변 사람들에게 공짜로 다 퍼주고 소소한 만족을 누린다. 자신은 빚을 내서 배운 강의 내용을, 지인들에게 밥까지 사주며 알려준다. 여기까지는 뭐 그럴 수 있다 치자. 공짜로 알려주더라도, 적어도 본인의 생계는 챙겨야 할 것 아닌가. 공짜로 퍼주는 것이 습관이 되면 무언가를 제공하고 합당한 비용을 받는 것에 거부감을 느낀다. 특히 '정'에 약한 우리나라 사람들은 '교육&컨설팅' 분야에서 이 증상이 더 심하게 나타난다.

"됐어, 우리 사이에 무슨. 그냥 알려줄게. 나중에 술이나 한번 사."

경우에 따라 다르겠지만 자영업을 하는 사람이 찾아오는 고객들마다 공짜로 음식을 다 대접해준다면 분명히 적자가 나고, 교육 사업을 하는 사람이 자신의 콘텐츠를 제공하면서 대가를 받지 않는다면 생계를 위협받게 될 것이다. 또한 돈을 받아야 하는 가장 결정적인 이유는, 공짜로 얻은 정보는 휘발성이 강하기 때문이다. 쉽게 얻은 만큼 쉽게 잊어버리기 때문에 알려주는 사람에게도, 듣는 사람에게도 오히려 좋지 않게 작용한다.

이제는 돈 욕심에 대한 정의를 다시 생각해봐야 할 때다. 돈 욕심이 없다는 것은 꿈을 이루기 위해 반드시 해야 할 '하기 싫은 일 30퍼센트'를 하지 않겠다는 말과 같다. 대부분의 경우 꿈과 돈의 구성요소들은 일치하는 양상을 보인다. 돈 욕심이 없다며 30퍼센트를 배제하는 사람은 돈뿐만 아니라 꿈을 이룰 확률도 당연히 줄어들 것이다.

선한 영향력을 끼치겠다며 공짜로 모든 것을 나눠주는 사람은 '자신의 가치를 낮추는 사람'이다. 자신의 가족조차 행복하게 만들어주지 못하면서 선한 영향력을 끼칠 수 있을 리가 없다. 이는 자신과 가족들 모두를 불행하게 만들 뿐이다. 이기심을 충족시켜주지 않는 이타심은 당장 갖다 버려라.

본인이 제공하는 재화나 서비스가 상대방에게 도움이 된다고 판단된다면, 반드시 그에 합당한 비용을 받아라. 자신에게도, 상대방에게도 악순환을 이끌어내는 상황을 더 이상 지속해서는 안 된다.

당신처럼 생각했던 사람들이 수없이 포기했다

인생이란 결코 공평하지 않다. 이 사실에 익숙해져라.
- 빌 게이츠

첫 책을 내고 나서 꽤 많은 젊은이들이 나를 찾아오기 시작했다. 소위 성공하고 싶다는 친구들이 말이다.

"저도 동기부여 전문가가 되고 싶습니다."

"서른 살까지 100억을 벌고 싶어요."

"열정은 넘치는데 구체적으로 어떻게, 뭘 해야 할지 모르겠습니다."

이런 친구들에게 가진 능력이 뭐냐고 물으면 공통적으로 하는 말이 있다.

"저는 성공할 거라는 확신이 있습니다."

"뭐든지 할 수 있습니다. 열정이 넘칩니다. 밤을 새서라도 하겠습니다."

정확히 말하면 이 친구들이 지금 열정이 넘치는 가장 큰 이유는 '아직 아무것도 안 해봤기 때문'이다. 아무것도 안 해봤기 때문에 호기심이 가득한 상태다. 성공한 사람들의 강연도 수없이 찾아봤을 거고, 자기계발서도 충분히 읽었을지 모른다.

"꿈을 가지고 지속한다면 당신은 무조건 성공한다."
"어떤 상황에서도 포기하지 마라. 노력을 멈추지 마라."

열정적이고 자신감 넘치는 성공한 사람들의 이런 말을 들을 때마다 심장이 쿵쾅거리고 살아 있는 기분이 들 것이다. 당장이라도 뛰쳐나가 뭐라도 하고 싶을 것이다. 역시 사람은 꿈을 가지고 도전하면서 살아야 한다는 자신의 생각이 틀리지 않았음에 기뻐하며 날뛰고 싶을 것이다.

한편 지루하게 월급이나 받으며 회사를 다니는 어른들과 친구들이 하찮게 보일지도 모른다. '저 사람들은 대체 왜 저렇게 사나', '저렇게 살면 한 번 사는 인생이 아깝지도 않나!'라며 본인의 선택을 뿌듯해할 것이다. 생각하면 생각할수록 이런 생각을 하는 자신이 기특하고 자랑스러울 것이다. 이미 성공한 것처럼 느껴질지도 모른다. 시작이 반이라고 하지 않던가!

이런 상황에서 내 책 《만나는 사람을 바꿔야 인생이 바뀐다》를 읽는다면 당장이라도 성공한 사람들을 찾아다니고 싶어질 것이다. 자신의 상황과 지극히 공감이 갈 테니까. 자신의 성공 계획을 아무리 주변 사람들에게 말해봤자 이해하지 못할 것이 뻔하기 때문에 멘토를 찾고, 자신과 같이 꿈이 있는 사람들과 어울리고 싶어서 나를 찾아왔을 것이다.

지금부터 하는 말은, 자신감 넘치고 성공을 확신하며 열정이 넘치지만 아직 아무것도 해보지 못한 사람들에게 꼭 전해주고 싶은 말이다. 성공하고 부자가 되고 싶다는 사람들 중에 자신감과 확신, 열정이 없는 사람이 있을까? 나는 이렇게 말해주고 싶다.

"자신감, 확신, 거기에 자본과 인맥까지 든든히 갖춘 소위 '금수저'들이 깔려 있어요. 열정이 넘친다고요? 안타깝게도 그 열정은 금방 식을 가능성이 높아요. 저도 그랬고, 당신보다 저를 먼저 만나러 왔던 사람도 그랬고, 그 전 사람도 그랬으니까요."

내 말을 이해하기 힘들 수도 있다. 이렇게 폭발하는 열정이 어떻게 식는단 말인가. 상상할 수도 없을 것이다.

연애와 결혼에 비유하면 이해하기 좀 쉬울지도 모르겠다. 처음 연애를 할 때에는 당시의 감정이 평생 갈 것처럼 느껴진다. 감정이 식는다는 것 자체를 이해할 수가 없다. 무조건 이 사람과 결혼하고 싶을지도 모른다. 그러나 어느 정도 기간이 지나면 자연스럽게 적응이 되고 서로에 대한 호기심이 떨어진다. 상대방의 장점은 점점 안 보이기 시작하고, 반대로 단점들은 크게 보이기 시작한다. 싸우는 빈도가 잦아지고, 그러는 와중에 또 다른 매력적인 이성이 나에게 관심을 보인다면? 그간 이성에 대해서도 많이 배웠고, 다른 사람을 만나면 자신도 조금 더 성숙한 연애를 할 수 있을 것만 같은 생각이 든다. '그래, 이 기회에 헤어지고 새로운 사람을 만나보자' 하는 마음이 든다. 그렇게 새로운 이성을 만나지만 결국은 비슷한 패턴을 보이며 헤어지게 된다.

당신의 꿈에 대한 열정도 이와 마찬가지다. 처음에는 호기심과 열정이 넘쳐서 밤을 새기도 하고, 이 분야에서 무조건 성공하고 싶을 것이다. 그 꿈을 이루기 위해 무엇이든 할 수 있을 것 같지만 그 생각은 잠시뿐이다. 어느 정도 적응이 되고 나면 호기심도 떨어지고, 그와 같이 흥미도 떨어진다. 처음에는 완벽한 꿈인 것처럼 보였는데 시간이 지나면 지날수록 경쟁자들도 많이 보이고, 이 분야에서 부자가 되기도 어려울 것 같다는 생각이 자꾸 들기 시작한다. 마침 또 다른 멋진 꿈이 보이기 시작한다. 그러면 이렇게 말한다.

"난 성공할 거라는 확신을 버리지 않았어. 다만 이 꿈은 나한테 맞지 않는다는 것을 깨달았을 뿐이야. 다른 걸로 성공하면 돼. 자신 있어."

아무도 물어보지 않았는데 그렇게 당당하게 이야기하던 본인의 꿈을 바꾼 사실이 스스로 부끄러운지 괜히 자진해서 핑계를 대고 다닌다. 왜 꿈을 바꿨는지부터 시작해서 타당성을 입증하기 위해 가지각색의 이야기를 덧붙인다. 막상 듣는 사람들은 당신의 꿈에 별로 관심이 없다. 물론 꿈은 바뀔 수 있다. 하지만 이것만은 명심하자. 자신의 꿈으로 경제생활을 해야 한다는 것은 더 이상 '난 무조건 성공할 거야!'라는 생각으로 무책임하게 살아선 안 된다는 사실을 뜻한다.

당신은 앞으로 '내 머릿속에서 나왔지만 정말 획기적이다. 난 역시 천재야'라고 생각했던 수많은 아이디어들이 누군가의 손에서 이미 만들어지고 있는 모습을 지켜봐야만 할지도 모른다. 당신이 사람들에게 도움을 줄 만한 정말 좋은 내용의 콘텐츠를 가지고 있음에도 불구하고, 훨씬 질 낮은 콘텐츠를 가진 회사가 막대한 자본력을 통해 커져나가는 모습을 지켜봐야만 한다.

'이건 무조건 잘 팔릴 거야! 진짜 대박 나겠다'라고 하며 야심차게 준비한 새로운 아이템이 무참히 실패해도 '다음 아이템은 무조건 잘될 거야! 이번 경험을 기회 삼아 다시 도전하자'라며 웃을 수 있어야 한다. 친구들 사이에서 "진짜 멋지게 산다. 넌 무조건 성공할 거야"라는 말을 듣다가도, 진짜 성공한 사람들 앞에 가면 "그래서 대체 뭘 하겠다는 건데? 너보다 훨씬 나은 애들 깔리고 깔렸어, 그런 걸로 돈이 될 것 같아?"라는 식의 현실적인 말을 수도 없이 들어야 할 것이다. 그런 말을 들으면서 한마디 반박도 못하는 현실에 혼자 눈물을 흘리게 될 것이다.

수많은 성공학 책들과 동기부여 강연, 비싼 돈을 내고 듣는 강의에서 하는 말을 그대로 따르더라도 현실이 크게 달라지지 않는 자신을 꽤 오랫동안 지켜봐야 할 것이다. 성공에 대한 확신을 이미 잃었지만, 당분간은 주변 사람들의 시선이 두려워 아직도 확신하고 있는 것처럼 가식적인 당당함을 보여야 할지도 모른다. 나보다 한참 늦게 시작했거나 심지어 나에게 배웠던 사람이 나보다 더 빨리 성장하는 모습을 보면서 마음이 씁쓸해질지도 모른다. 몇 년째 나아진 건 아무것도 없고, 전에 있던 회사에서 받던 안정적인 월급이 미치도록 그리워질지도 모른다.

'한 번 사는 인생, 왜 저렇게 지루하게 살지?'라고 생각되는 평범한 어른들 중에 이 모든 절차를 거치고 다시 평범한 삶으로 돌아간 사람들이 존재한다는 사실을 하루빨리 깨닫기 바란다. 그들이 바보라서 그렇게 일하고 있는 것이 아니다.

내가 여러분에게 왜 이런 말을 하는 것 같은가? 괜히 헛바람 들어서 철없는 소리 하지 말고 안정적으로 살라고 해주는 말 같은가? 그럴 리가. 거듭 말하지만 내 꿈은 세계 최고의 동기부여 전문가다. 당신이 이 모든 과정들을 겪고 정말 포기하고 싶을 때 이 글을 떠올리길 바라는 마음에 썼다. '나뿐만이 아니라 꿈을 꾸는 많은 사람들이 겪는 과정이구나' 하고 말이다. 부디 이 글을 읽고도 당신의 입에서 이런 말이 나오길 바란다.

"그래도 저는 할 겁니다."

일단 임계점부터 넘겨라

회망은 언제나 힘든 언덕길 너머에서 기다리고 있다.
- 베를레르

서점에선지, 인터넷에선지 언젠가 《1년만 미쳐라》라는 제목의 책을 본 적이 있다. 그 책을 사서 읽어보지는 않았지만 지금 생각해보면 책 제목을 정말 잘 지은 것 같다. 1년이라는 시간은 어떻게 보내느냐에 따라 아무것도 못하고 훅 지나갈 수도 있고, 누군가에게는 인생의 전환점이 될 수도 있다. 나에게도 그랬고, 나의 영향을 받은 친구들에게도 그랬다.

정확히 1년 동안 미쳐 살아본 결과 나와 그들의 인생은 완전히 바뀌었다. 구체적으로 '미친다'라는 것은 어떤 행동들이 이어지는 삶을 의미할까? 그것은 목표에 완전히 '몰입'하는 삶을 뜻한다. 나는 2016년을 인생의 전환점으로 만들기로 결심하고 나서 약 1년 만에 내 인생의 프레임을 완전히 변화시켰다. 그전에도 물론 열심히는 살았지만, 정말 인생을 바꿀 수 있는 마지막 기회라는 마음으로 절실하게 몰입했던 것은 2016년 딱 한 해였다.

부동산 공부를 할 때에도 나는 오로지 그 생각만 했다. 휴대전화 배경화면도 강남의 멋진 빌딩으로 설정해놓고 매일 꺼내 보며 마음을 다잡았다. 시간이 날 때마다 휴대전화를 꺼내 부동산 시세 어플과 인터넷에 올라와 있는 검증된 부동산 칼럼들을 보고, 퇴근 후 집에 오면 부동산 관련 법을 공부하기 위해 공인중개사 자격증 시험도 준비했다. 또 서점에 있는 웬만한 부동산 분야의 책은 다 사서 읽었다.

본업에 투자하는 시간을 제하고 일과 후와 주말밖에는 시간이 없었는데, 부족한 시간을 늘릴 수는 없으니 어쩔 수 없이 잠을 줄이는 수밖에 없었다. 지나가는 길목의 부동산 시세표도 그냥 지나치지 않고 일일이 살펴보고, 괜찮은 건물이 있으면 시세도 대충 맞춰보았다. 그때 당시 내 머릿속에는 온통 부동산뿐이었다.

사업을 해야겠다고 마음먹었을 당시에는 군인의 신분으로 당장 사업을 할 수 없는 상황이었다. 그럼에도 불구하고 서점에 있는 사업, 창업, 스타트업 관련 책은 다 사서 읽어봤다. 무자본 창업에 대해 공부하기 위해 큰 고민 없이 버터플라이인베스트먼트의 110만 원짜리 연간 회원에도 가입했고, 영업과 마케팅에 대해 제대로 배우기 위해 1,100만 원을 내고 한국영업인협회의 수업도 들었다. 그리고 어떻게 하면 사업프로세스를 더 탄탄히 짤 수 있을지 끊임없이 고민했다. 당장 수익을 낼 수 없는 신분이니 같은 스터디 팀원들의 수익을 대신 올려주는 데 주력했다. 그때 집중했던 건 실력 상승이지 수익이 아니었다.

그때를 되돌려 기억해보면, 완전히 미쳐 있는 상태였다. 단순하게 살았다. 한 가지 목표를 정해놓고, 그 목표를 이룰 수 있는 모든 가능성을 열어놓았다. 목숨만 위협하지 않는다면 하루 이상 고민하지 않고 일단 저질렀다.

이제는 혼자 있을 때에도, 사람들과 대화를 나눌 때에도 나의 모든 관심이 한 가지 목표를 향한다.

'어떻게 하면 세계 최고의 동기부여 전문가가 될 것인가.'

그 고민의 과정 속에서 책을 출간했고, 강연 기회가 있을 때마다 두 발 벗고 나섰다. 주말에 가족들이 모두 TV를 볼 때조차 나는 혼자 방에 들어가 책을 읽었다. 책상 앞에 앉아 노트북을 켠 상태로 새벽에 잠이 든 적도 셀 수 없을 만큼 많다. 혹시 오래 잠들까 싶어 불을 켠 채 잠에 들고, 몸과 정신이 쇠약해져서 정신병원에 상담을 받으러 간 적도 있다.

이제는 지난 1년의 시간에 대해 확실하게 말할 수 있다. 2016년은 분명 미쳐서 살았고, 인생의 전환점이 되었다. 여러분들에게 "내가 이렇게 열심히 살았습니다!" 하고 자랑하려는 것이 아니다. 중요한 내용은 이제부터다. 1년을 미쳐 지낸 결과 지금의 나는 어떻게 되었는지 솔직하게 풀어보려고 한다.

하루 평균 4시간도 안 자던 지난해에 비해 올해는 생활리듬이 한결 여유로워졌다. 웬만큼 급한 일이 없는 이상 하루에 6시간 정도는 자고 있고, SNS에 열심히 나를 홍보하지 않아도 지인들과 저서를 통해 강연 요청은 계속 들어오고 있다. 아직 세계 최고라는 호칭이 붙지는 않았지만, 이제 충분히 동기부여 전문가라고 할 만한 스토리를 갖추게 되었다.

지금은 2017년의 새로운 목표들을 이루기 위해 틈틈이 영어공부를 하고 있고, 대학원에 입학해서 석사 학위도 준비하고 있다. 색다른 경험을 위해 주말에는 서면의 막창집에서 아르바이트도 한다. 그 과정 속에서도 틈틈이 시간이 날 때마다 두 번째 책(지금 여러분이 읽고 있는 이 책)을 집필 중이다.

사실 실제로 하고 있는 일은 작년보다 올해가 더 많다. 그럼에도 불구하고 강연할 기회를 한 번이라도 더 얻기 위해 부단히도 노력했던 작년에 비하면 지금은 전혀 힘들다는 생각이 들지 않는다. 오히려 무척 행복한 날들처럼 느껴진다. 마음의 여유가 생기다 보니 시간을 조정해서 친구들과 편하게 여행도 다녀올 수 있게 됐고, 사람들을 만나도 조금 더 편하게 대화할 수 있게 되었다. '과연 전역 후에 제대로 먹고살 수 있을까?'에 대해 무의식적으로 끊임없이 되뇌면서도 절대 포기하지 않았던 지난 시간을 생각하면 얼마나 뿌듯한지 모른다.

어떤 독자들은 이렇게 되물을 수도 있다.

"저도 1년 동안 미쳐서 살았는데 인생이 전혀 바뀌지 않았어요. 작가님은 운이 좋은 특별한 케이스일 뿐이에요."

나도 내가 특별한 케이스라는 것쯤은 알고 있다. 그런데 그전에, 특별한 케이스라기보다는 '특별한 사람이다'라고 표현하는 것이 더 알맞다고 생각한다. 그리고 또 그전에, 특별한 사람이라기보다는 '특별한 행동을 한다'라고 표현하는 것이 더 정확하다고 생각한다.

여러분이 1년이라는 시간을 어떻게 보냈는지 내가 정확히는 알 수 없다. 그렇다면 스스로에게 질문을 한번 해보자.

'내가 원하는 인생의 변화는 어느 정도인가?'

'나는 그 정도로 내 행동에 변화를 주었는가?'

'그냥 남들이 하는 것을 똑같이 하면서 좀 더 열심히 했을 뿐 아닌가?'

거듭 말하지만 길의 방향은 한번 틀어지면 걸어가든 뛰어가든, 말을 타고 가든 차를 타든 비행기를 타든 잘못된 곳으로 갈 수밖에 없다. 뚜렷한 목적 없이 '미쳐서' 살았다는 건 그냥 열심히 산 것뿐이다. 그 이상도, 이하도 아니다. 열심히 산다고 인생이 바뀔 것 같았으면 모든 사람들의 인생이 지금과 같지는 않을 것이다.

어떤 분야든 막론하고 정확히 1년만 정확한 목표에 맞게 미쳐서 산다면 인생은 무조건 바뀌게 되어 있다. 어느 정도 실력이 쌓이면 배움에도 '가속도'가 붙는다. 이 가속도라는 것은 생각보다 인생에 굉장히 많은 영향을 끼친다. 삶의 재미를 더 높여주고, 마음의 여유를 되찾아주고, 무엇보다 당장 행복하게 만들어준다.

성공한 사람들의 경력은 실패의 결과다

인생을 다시 산다면 다음번에는 더 많은 실수를 저지르리라.
- 나딘 스테어

면접, 자기소개서나 자신의 자서전을 쓰기 위해 도전해본 사람들은 알겠지만, 대부분의 사람들은 자신의 일생에 대해 쓸 내용이 거의 없다. 학창 시절이야 다 거기서 거기고, 성인이 된 이후의 삶도 막상 적으려면 특별한 것이 없다. 그렇게 열심히 공부하고, 여행 다니고, 놀았는데 글로 써놓고 보면 그렇게 평범할 수가 없다.

우리는 어차피 앞으로 이 세상에 어떤 일들이 벌어질지 절대 알 수 없다. 먼 미래뿐만이 아니라 잠시 후 내 자신의 기분조차 예측할 수 없다. 분명히 헬스장을 등록할 때만 해도 의욕이 넘쳤는데 3일 만에 포기하는 게 사람 마음이고, 이번 달에는 책을 다섯 권 읽어야지 했는데 한 권만 읽고 포기하는 게 우리의 모습이다. 이들을 보고 "의지력이 약해서 그렇습니다!"라고 비난할 수는 없다. 이런 모습들은 결국 나의 모습이기도, 당신의 모습이기도 하니까.

우리가 연결하고 추측할 수 있는 것은 현재의 결과에 따른 과거의 이유뿐이다. 현재의 계획에 따른 미래의 결과는 예측할 수 없다. 그런데 사람들은 거의 다 반대로 알고 있다. 막연하게 현재를 계획하면 미래를 예측할 수 있다고 생각한다. 절대 그렇지 않다. 나는 몇 년 전만 해도 레저스포츠 강사를 꿈꿨고, 그 꿈을 포기한 후에는 테니스 강사가 되는 것이 꿈이었다. 그 꿈마저 포기하고 불과 2년 전 강연자라는 꿈이 새로 생겼을 때 이 모든 과거들이 나의 이야기로 이어질 것이라고는 생각지도 못했다. 단순히 시간과 돈을 날렸다고만 생각했다. 그리고 이 모든 것들이 나만의 이야기가 되어 책으로 나오게 될 줄은 계약서에 사인을 하기 직전까지 알지 못했다. 그럼에도 불구하고 우리가 당장 해야 할 목표들을 정해야 하는 이유는 계획하면 무조건 이루어지기 때문이 아니다. 미래의 꿈을 그려놓고, 그 꿈을 이루기 위해 어떤 것들을 해야 할지 끊임없이 고민하고, 계획하고, 실행하고, 실패해보라는 뜻이다. 절대 현재의 계획대로 되지 않을뿐더러 계획대로 된다고 해도 무조건 성과가 나온다는 보장이 없다.

인생은 수학처럼 답이 나오지 않는다. 대신 그 모든 것들이 성과가 나오지 않더라도, 전부 다 실패로 돌아가더라도 당신의 이야기가 된다. 실제 성공한 사람들의 자기계발서를 보면 실패든 성공이든 그 사람들이

한 대부분의 행위들은 정확한 이유도, 연관성도 없는 경우가 많다. 그럼에도 불구하고 매끄럽게 이야기가 진행되는 것은 그 연관되지 않는 모든 행위들이 결국 '한 사람의 인생'이기 때문이다. 특히 전문가들의 프로필을 보면 전혀 연관성 없는 이력들이 나열되어 있을 때가 있다.

前 ○○○○ 수석팀장, ○○○ 대학원 ○○학 석사 등등 나열해놓고 보면 그럴싸하게 하나의 목표로 꾸준히 노력해온 전문가 같지만, 결국 이 모든 것들은 실패의 연속이다. 현재 자신이 일하고 있는 분야, 대학원 전공, 전에 일했던 회사의 업무 등이 하나도 연관되지 않는 경우가 많다. 마케팅 회사의 팀장으로 일하다가 영문학 석사 학위를 취득하고, 부동산 투자 책을 써서 부동산 전문가가 되기도 한다. 부동산 컨설팅을 하기 위해서는 사람들을 찾아오게 해야 하니 마케팅 실력이 분명 필요가 있을 것이고, 해외의 부동산 관련 정보들을 습득하기 위해서는 당연히 영어 실력이 필요할 것이다. 그러나 이 이야기는 사실 '마케팅 회사를 다니는데 이 일은 나랑 안 맞는 것 같아. 예전부터 영어가 재밌어서 영어선생님이 되고 싶었는데 대학원에 가서 교직 이수를 해볼까? 그럼 좀 더 안정적이지 않을까? 대학원을 다니다 보니 좋아하는 영어가 일처럼 돼버려서 흥미가 떨어졌네. 영어선생님 돼봤자 얼마 돈도 못 벌 것 같은데 부동산이나 공부해볼까? 저번에 그 형이 부동산 공부 해서 한 달에 몇 백씩 월세 받는다던데'로 시작된 것이다. 우리가 사는 방식과 크게 다를 것이 없다.

"저는 그냥 회사원이라 제대로 된 전문 분야가 없어요. 잡일하고, 하루 종일 문서랑 보고서만 작성하는데 이게 나중에 쓸모가 있을까요?"

이 문제야말로 정확히 내가 군대에 있으면서 8년간 고민했던 문제와 같다. 부사관으로 일을 할 때에는 항공기 정비 업무분야에서 일했기 때문에 제대한 이후 전혀 쓸모가 없을 거라는 생각이 들었다. 힘들게 노력해서 장교로 다시 임관했을 때에는 그야말로 회사원의 생활이었다. 하루 종일 문서 종합하고, 보고서 쓰고. 도무지 제대 후에 할 일과 연관되는 것이라고는 아무것도 없었다. 이렇게 생각하니 하루하루가 고통스럽고, 선임들이 하는 말에 일일이 짜증이 났다.

지난 8년 동안 이렇게 고민했던 결과를 말해주자면, 이 쓸모없어 보이는 기간을 쓸모 있게 만들기 위해서는 현재의 위치에서 벗어나야 한다는 것이다. 위치에서 벗어난다는 것은 상황에 따라 이직이 될 수도 있고, 그 직장에 있으면서 업무 포지션을 바꾸는 것을 의미할 수도 있다. 물론 당신이 똑같은 일만 계속 반복해서 하고 있다면 회사 입장에서는 당연히 당신의 업무 포지션을 바꿔야 할 필요성을 못 느낄 테니 무언가 변화를 주어야 할 것이다.

어쨌든 당신이 아무것도 하지 않고 그 위치에 계속 머물러 있다면 그 쓸모없는 회사원 생활이 정말 쓸모없는 기간이 될지도 모른다. 평생 '이걸 내가 왜 하고 있는 거지?'라는 질문에 대답을 못한 채 살아갈 것이기 때문이다. 반대로 만약 당신이 성공적으로 그 위치를 떠난다면 그 쓸모

없어 보였던 회사원 생활은 당신이 전문가로 발돋움하는 데 도움을 줄 것이다. 어떻게 도움이 될지 모르겠다고? 좀 더 구체적으로 말하면 다음과 같다.

첫 번째, '前 ○○○' 이런 식으로 프로필에 넣을 그럴듯한 한 줄이 더 생긴다.
두 번째, 당신의 스토리에 사람들이 공감할 수 있게 된다.
세 번째, 전혀 쓸모없을 것 같았던 회사원의 업무가 예상치도 못했던 곳에서 빛을 발한다.

전문가가 되기 위해서는, 혼자서 실력만 쌓아서는 곤란하다. 사람들에게 인정을 받기 위해서는 그들과 좀 더 가까워질 수 있는 공감대가 필요하다. 모든 것이 자동화되어가고 있는 세상에서 살아남을 수 있는 유일한 방법은 사람들의 문제에 공감하는 능력을 키우고, 매력을 뿜어내는 사람이 되는 것이다. 우리나라 회사원들 중 당신이 겪었던 고민과 실패를 똑같이 겪어보지 않은 이가 얼마나 될 것 같은가?

지긋지긋하고 이유조차 모르고 해야 했던 당신의 회사생활은 자동화 시대의 가장 큰 경쟁력인 '공감력'으로 재탄생하게 될 것이다. 또한 '직장생활을 하면서 자연스럽게 익힌 처세법'과 '보고서 기획력'은 사회생활을 하면서 가장 요긴하게 쓰이는 능력들이다. 한 번도 이런 것들이 능력이라고 생각해본 적 없었는데 자신도 모르는 사이에 실력이 늘고 있었던 것이다. 유형으로 표현되지 않는 능력이라 깨닫지 못했을 뿐이다.

실제로 성공만 하는 사람의 인생은 재미도, 매력도 없다. 마찬가지로 아무리 실력이 뛰어난 전문가라도 같이 대화하기 싫은 사람이 있다. 자기 자랑만 하는 사람이 재수 없게 느껴지듯이 말이다. 영화와 드라마에도 기승전결이 있고, 모든 소설과 자서전에도 고통과 시련의 스토리가 있기 때문에 재미있는 것이다. 그리고 그 드라마와 소설들은 결국 사람을 소재로 쓰인다. 여러분의 인생이 영화나 드라마처럼, 소설처럼 쓰이길 바란다면 먼저 자신이 인생의 주인공이 되어야 한다. 자꾸 실패한다고 중간에 멈추지 않길 바란다. 성공한 사람들의 모든 경력들, 이야기들은 실패했기 때문에 존재한다.

CHAPTER 4

미친 듯이 벌어라!

돈 ✣ 기 ✣ 부 ✣ 여

안정적인 삶은
절대 당신에게 성장할 기회를
주지 않는다. 성장하지 않는다면
그 안정은 곧 매너리즘으로 바뀔 것이다.
나는 당신이 진심으로 끊임없이 성장하길
바란다. 당신의 경제력도,
꿈도, 행복도.

직장인(노동자)이 아닌 직업인(전문가)이 되어라

세상에 천한 직업은 없다. 다만 천한 사람이 있을 뿐이다.
- 링컨

자신의 가치를 증폭시키는 방법에 있어서 꼭 짚고 넘어갈 부분이 있다. 바로 직장과 직업. 요즘 가장 큰 화두가 되고 있는 주제다. 얼핏 보면 별 차이가 없어 보이는 이 두 단어를 혼동하는 순간 우리의 삶에 큰 치명타가 올 수도 있다. 먼저 직장과 직업에 대한 단어 설명을 살펴보자.(《한겨레》 신문 칼럼 〈김호의 궁지 - '직장' 다닌다고 '직업' 생기지 않는다〉 참조)

직장: 매일 아침 출근하는 빌딩. 즉, 일하는 장소place of work, 사무실office

직업: 자신이 가진 전문적 기술로써 자기 분야에서 스스로 결과물을 만들어내고, 일정한 돈을 벌 수 있는 일. 영어로는 프로페션profession

아직 이해가 잘 되지 않는가? 자신이 현재 직장을 다니고 있기는 하지만, 직장을 떠나게 되는 순간 당장 먹고살 수 있는 수단이 없어진다면 현재 직업이 없다고 봐도 무방하다. 이렇게 본다면 우리 주변에 직장을 다니고 있지만 직업이 없는 경우가 다반사다. 그런데 이런 말을 하면 무언가 찝찝해하는 표정으로 반문을 하는 분들이 꽤 있다. 마치 이런 식으로.

"아니, 지금 월급이 꼬박꼬박 나오고 있는데 직장, 직업 이런 걸 구분하는 게 중요해?"

이런 사람들에게는 다시 이런 질문을 던지고 싶다.

"그 직장에서 언제까지 일하실 수 있는데요?"

이제 우리 사회는 100세 시대를 넘어 120세 시대를 바라보고 있다. 미래에는 수명이 더 늘어날지도 모른다. 공무원을 포함한 대부분의 직장에서는 아무리 늦어도 50~60세의 나이에 명퇴(전혀 명예롭지 않지만) 또는 정년퇴직을 하게 된다. 인간의 평균 수명이 80세까지였을 때만 해도 50대에 퇴직을 하는 것은 적당하게 느껴졌다. 하지만 다들 알다시피 이제는 전혀 그렇지 않다. 50대 분들, 정말 정정하시다. 자기관리를 잘하시는 분들은 오히려 30, 40대보다 건강한 경우도 많다.

국가 예산으로 지원을 해주는 중·장년 교육/취업센터가 생겨나는 것도 이것과 당연히 연관이 있다. 이곳에서는 노후 준비가 안 된 상태에서 퇴직을 한 중·장년들을 위해 무료 또는 파격적인 할인가로 교육을 지원해주고 취업까지 연결시켜준다. 얼핏 보면 굉장히 좋은 제도이며, 복지처럼 느껴진다. 그런데 실제로도 그렇게 좋기만 할까?

취업센터에서는 100퍼센트 취업을 시켜줄 것처럼 이야기하지만 막상 가보면 그렇지 않은 곳이 더 많다. 오히려 많은 사람들이 교육을 받다가 중도에 포기를 한다. 평생 한 직장에서 일하다가 완전히 새로운 일을 배우기도 쉽지 않고, 취업센터와 연계되어 있는 회사들이 단순히 국가 예산을 지원받거나 회사의 이미지를 높이기 위한 목적을 갖고 있는 경우가 많기 때문이다.

실제로는 프리랜서로 형식상 취업만 시켜주거나 1~2년 계약직으로 쓰다가 다시 퇴출시키는 경우가 대부분이다. 경비, 환경미화원 등의 직종들이 엄청난 경쟁률을 보이고 있는 것도 이러한 상황과 분명히 연관이 있다.

경제적인 이유 말고도 직업을 가져야 하는 이유는 또 있다.

"난 공무원이라서 평생직장이고, 나중에 연금도 나와. 근데 굳이 직업을 가져야 돼?"

이렇게 질문하는 사람도 있을 수 있다. 물론 '돈'이라는 관점에서만 바라본다면 적당히 갖고 있기만 해도 충분히 행복하게 살 방법은 있다. 그런데 과연 '돈만' 있다고 해서 노후가 행복할 수 있을까? 돈은 노후를 위한 필수조건이긴 하지만 충분조건은 아니다. 삶의 행복을 위해서는 돈보다 중요한 것들이 많다. 이에 대한 이해를 위해 행복에 대한 설명이 좀 더 필요할 것 같다.

단순히 안정적인 삶을 추구하는 것만으로 행복에 가까워지기는 어렵다. 반드시 현재의 행동과 미래의 성장이 연결되어야 행복이 지속되기 때문이다. 사람의 욕심은 끝이 없다. 100만 원을 벌면 200만 원이 벌고 싶고, 200만 원을 벌면 500만 원을 벌고 싶은 것이 사람 욕심이다. 이 사실을 인정하지 못하고 '현실에 만족할 줄 알아야 한다'라고만 자신을 옭아맨다면 스스로 성장을 억제하는 것과 같다. 욕심 없이는 성장도 없다. 과도한 욕심은 파멸을 낳지만, 적절한 욕심은 오히려 성장을 위한 좋은 밑거름이 된다는 사실을 이해해야 한다.

인간은 점점 성장하지 않으면 행복지수가 자연스레 떨어지게 되어 있다. 어떤 상황에도 금방 적응하고, 익숙해지는 능력은 인간의 장점이자 단점이다. 때문에 10년 후의 삶을 상상했을 때 지금보다 전혀 나아지는 게 없다면, 자신의 삶에 더 이상 흥미가 생기지 않게 된다. 연금 또는 노후자금으로 인해 먹고사는 걱정이 없다고 해도 어느 순간 매너리즘에 빠질 수 있다.

60세에 은퇴한다고 해도 30~40년 이상을 그저 먹고살기만 하면서 행복을 느끼기는 어렵다. 이 말은 곧 직장을 자의적, 타의적으로 그만둘 때까지 직업을 찾지 못한다면 우리는 경제적으로 피폐해지거나 매너리즘에 빠질 확률이 높다는 말이기도 하다. 심지어 직장을 다니는 동안에도 전문성을 가지고 주체적으로 사는 직업인과 단순히 직장이 곧 나인 것처럼 사는 직장인의 삶은 완전히 다르다.

많은 사람들이 자의적으로 '저녁이 없는 삶'을 선택한다. 직장과 상사가 나를 평생 보호해줄 것처럼 헌신한다. 하지만 실제로 직장과 상사는 절대 우리의 미래를 보장해주지 못한다. 그렇게 헌신하던 직장을 그만두는 순간 그들과의 관계는 끝이 나고, 당신은 모든 것을 새로이 혼자 시작해야 한다.

"그러면 직업을 어떻게 찾아야 하는데요?"

이 물음에 가장 이상적인 대답은 '좋아하는 일을 찾아서 전문가가 되는 것'이다. 많은 취업준비생들이 보편적인 스펙을 최대한 쌓아놓고, 입사 조건에 맞는 회사들에 지원서를 넣는다. 그러면서 "합격만 시켜주신다면 최선을 다해 회사에 이익이 되도록 노력하겠습니다!"라고 말하는 식이다. 취업 자체도 겨우 될까 말까 하는데 어떤 부서에 들어가서 어떤 일을 하고 싶은지까지 생각해보는 것은 사치라고 생각하는 것 같다.

내 주변만 봐도 "난 꼭 이런 일을 하면서 살고 싶어"라고 말하는 사람보다는 "꼭 대기업에 들어가겠어", "공무원 시험에 꼭 합격하겠어"라고 말하는 사람이 대부분이다. 이렇게 해서 맡은 업무에 흥미를 붙일 수 있다면 얼마나 좋겠는가. 하지만 이런 식으로 취업을 해서 적성에 맞는 업무를 하게 될 확률은 얼마나 될까? 단언컨대 제로에 가깝다. 신입사원 시절에는 회사에 다닌다는 것 자체가 뿌듯할지도 모르지만, 평생직장으로 본다면 억지로 하는 업무가 언젠가 회사를 지옥처럼 느껴지게 만들 것이 분명하다. 이와 관련해 예시를 한번 들어보자.

최근 유튜브에서 미국 코미디언 크리스 락의 스탠딩 코미디를 보다가 인생 최고의 공감을 느낄 수 있었다.

"내가 일하고 있는 곳이 직장은 아닙니다. 직장생활이 아니고, 경력이죠. 누군가는 직장을 다니고, 누군가는 경력을 쌓습니다. 경력을 쌓고 있는 사람들은 조용히 하는 법을 배워야 돼요. 직장인이 주변에 있을 때 말입니다. 그들이 당신의 경력에 대해 듣고 싶어 할까요? 말도 안 되는 소리예요. 그냥 조용히 하고 있으세요. 당신의 행복으로 다른 사람들을 슬프게 만들지 마세요. 종종 그렇게 되니까요.

당신이 경력을 쌓고 있다면 하루가 엄청 짧습니다. 시간이 항상 모자라요. 자발적으로 빨리 출근하고 싶어집니다. 지금 하는 프로젝트를 좀 더 완벽하고 멋지게 끝내고 싶기 때문이죠.

만약 당신이 직장을 가지고 있다면 시간이 넘쳐흘러요. 시계를 보면서도 시계를 믿지 않습니다. 시계를 보지 않고 최대한 오래 버티다가 '이제는 두 시간 정도 흘렀겠지!' 하고 시계를 보면 15분이 지나 있습니다. 젠장, 이게 직장인의 삶이죠."

좀 더 자세한 영상을 보고 싶다면 유튜브에 '크리스 락'을 쳐보기 바란다. 상상 이상의 공감을 얻을 수 있을 것이다.

우리는 경력을 쌓기 위해 어떤 기준으로 직장을 잡아야 할까? 내가 생각하는 좋은 직장의 기준은 월급이 많고, 크고 유명한 회사가 아니라 '직업을 즐겁고 빠르게 만들 수 있는 회사'다. "현실적으로 그게 말이 돼? 요즘 사회가 얼마나 힘든지 몰라서 그래. 그런 곳이 어디 있어?"라고 말한다면 아직 직장과 직업에 대한 이해가 부족한 것이다.

아르바이트나 계약직 근무를 하면서도 직업을 만들 수 있다. 직업을 만들기 위해서는 굳이 한 군데에서 오래 일할 필요도 없다. 한 직장에서 배울 수 있는 업무를 최대한 빨리 배우고, 다른 곳에 가서 더 다양한 경험을 해볼 수 있다면 그것 또한 전문성을 빠르게 쌓을 수 있는 방법 중 하나다. 우리는 지금 당장 안정적인 직장을 다니면서 월급이 보장되는 삶보다 직업을 하루빨리 만드는 것이 인생 전체를 안정적이고 주체적인 삶으로 만들어준다는 사실을 깨달아야 한다.

"그럼 이미 다니고 있는 회사는 어떤 마음가짐으로 다녀야 하나요?"

이렇게 물을 수 있는데, 현실적으로 현재 다니는 회사가 마음에 들지 않는다고 해서 바로 그만두기는 어렵다. 만약 지금 하는 업무로 전문성을 키우고 싶다면 직장을 아웃소싱의 개념으로 생각하고 다니면 된다.

아웃소싱의 뜻은 '기업 업무의 일부 프로세스를 경영 효과 및 효율의 극대화를 위한 방안으로 제3자에게 위탁해 처리하는 것'이다. 따라서 직장을 아웃소싱의 개념으로 생각하라는 말을 좀 더 쉽게 설명하면 '나'라는 존재를 하나의 기업으로 보고, 효율의 극대화를 위해 전문성을 가지고 싶은 업무 외에는 직장에 위탁해서 처리하라는 것이다.

예를 들어 내가 제품디자인 업무를 맡고 있다고 생각해보자. 혼자 컴퓨터에 앉아 제품디자인만 하는 것으로는 절대 돈을 벌 수 없다. 내가 디자인한 도면을 보고 누군가는 제품을 만들어야 하고, 누군가는 이 제품을 팔아야 돈이 된다. 이 과정에 필요한 것으로는 제품을 만드는 공장, 영업부서, 이 모든 절차를 관리하는 관리자, 행정부서 등이 있을 것이다. 이 모든 사람들은 나의 제품디자인을 이용해 돈을 버는 이들이다.

지금 당장 돈을 벌어야 하지만 직접 모든 절차를 수행할 능력이 없을 때 이 모든 사람들, 즉 직장 전체를 아웃소싱 하는 것이다. 이렇게 돈을 벌다가 전문성이 쌓이고 회사 입장에서 나의 가치를 알아보고 더 필요로 하게 되면 봉급이 올라가거나 다른 곳에 더 좋은 조건으로 스카우트될 가능성이 높아진다. 직접 제품디자인 대행사를 차려서 많은 회사들과 같이 일을 할 수도 있게 된다. 이때부터는 당신이 모든 것을 선택할 수 있다.

"저희 회사는 안정적인 직장이긴 하지만, 업무가 계속 바뀌어서 전문성을 가지기 힘든 조건입니다."

이렇게 말하는 경우에는 생계형 직장과 직업을 위한 자기계발을 별도로 진행하는 것이 좋다. 다만 이 경우에는 재테크를 할 때에도 리스크 관리를 위해 분산투자를 하듯이 본인의 체력도 적절히 나누어서 사용해야 한다.

현재 다니는 직장에서 도저히 직업을 만들어낼 수 없고, 그만둘 생각도 없다면 직장에 있는 시간과 퇴근 후의 삶을 재조정할 필요가 있다. 물론 현재 하는 일에 몰입해서 최선을 다하는 것도 중요하지만, 모든 야근에 열정적으로 임하고 번개모임, 회식에 빠짐없이 참여하면서 자기계발을 하기는 현실적으로 어렵다.

당장 먹고살기 힘든 상황이거나 책임질 가정이 있거나 어느 정도 나이가 있는 분들은 어쩔 수 없겠지만, 그렇지 않은 젊은 사람들은 당장 큰돈을 받지 않더라도 직업을 만들 수 있는 직장에 무조건적으로 다녀야 한다. 자기계발 비용을 생각한다면 오히려 그게 훨씬 효율적일 것이다.

어찌 됐건 우리가 직업인(전문가)이 되려면 먼저 전문성을 쌓을 수 있는 직장을 구해야 한다. 그런데 처음부터 현실의 벽에 가로막히게 된다. 겨우 마음에 드는 회사를 찾는다 해도 도무지 뽑아주질 않는다.

"아니, 무슨 다 경력직만 뽑으면 나 같은 신입은 어디서 경력을 쌓냐!"

이 말은 최근 어느 TV 예능프로그램의 콩트에서 경력직만 뽑는다는 면접관의 말에 화가 난 유병재가 했던 말이다. 이 잠깐의 콩트는 방송이 된 지 시간이 꽤 흘렀음에도 불구하고 수많은 사회초년생들과 취업준비생들의 마음을 대변해주기라도 하듯 아직도 SNS에서 쉴 새 없이 떠돌아 다니고 있다. 그만큼 젊은이들에게 큰 공감을 일으키고 있다는 뜻이고, 현시대의 많은 기업들이 저런 방식으로 인재들을 채용한다는 의미이기도 하다.

그렇다면 우리는 막연히 이런 기업들을 비난하기만 해야 할까? 이제 막 대학교를 졸업해서 취직하려는 신입사원들에게 말도 안 되는 경력직 우대 기준을 들먹이며 기회조차 주지 않는다고 욕해야 할까? 냉정하게 말하면, 그런다고 해서 우리에게 이득이 될 것은 아무것도 없다. 그럴수록 더 씁쓸해질 뿐이다. 이런 상황에서 우리가 할 수 있는 일은 '기업들이 대체 왜 경력직만을 우대하는가'에 대해 생각해보고 그에 따른 해결책을 찾는 것이다.

과거에는 신입사원들을 뽑아서 회사 차원에서 단체로 교육을 시키고, 실무에 적합한 인재로 만들어가는 것이 일반적인 기업들의 모습이었다. 하지만 요즘에는 과도하게 높아진 이직률 때문에 기업에서도 많은 시간과 돈을 들여 교육을 할 필요가 없어졌다. 기업 입장에서는 오히려 숙련된 경력직을 고용하는 편이 상대적으로 저렴하기 때문이다. 게다가 바로 실무에 투입할 수 있으니 시간도 절약된다. 이런 상황에서는 자신의 입장만 내세우지 말고, 객관적인 시각으로 기업의 입장을 생각해보는 것이 장기적으로 자신에게 훨씬 큰 도움이 된다.

'경력'이라는 것은 단순히 그 분야의 일을 해본 적이 있는 것뿐만 아니라 여태껏 자신이 해왔던 여러 가지 일들이 하나의 이야기를 만들어가는 것을 나타낸다. 만약 지원한 기업의 채용 분야에 자신의 이야기를 자연스레 녹일 수 있다면 그 사람은 실제로 그 기업에 채용될 확률이 높다. 반면 남들이 하는 대로 똑같이 공부하고, 똑같이 토익점수와 자격증을 딴 사람들은 어떻게 될까? 앞으로의 취업시장에서는 점점 더 고전하게 될 가능성이 높다. 이런 사람들에게는 자신만의 이야기가 전혀 없기 때문이다. 이는 곧 인사채용담당자가 볼 때 굳이 우리 회사가 아니라 다른 회사의 다른 직책에 지원한다고 해도 이상할 것이 없는 지원자로 여겨진다는 뜻이다. 대부분의 대학생들은 이런 방식으로 취업을 준비한다. 그리고 기업 입장에서는 이 사람들을 굳이 뽑을 필요를 못 느낀다. 어차피 뽑아도 이직할 확률이 높기 때문이다.

그렇다면 그 '이야기'라는 것은 대체 어떻게 만들어야 하는 걸까? 자신만의 이야기를 만든다는 것은 상대방에게 나의 꿈을 도와줄 이유와 명분을 제공하는 것이다. 사람들은 명분 없이 행동하는 것을 가장 꺼려한다. 그래서 항상 명분을 주어야 한다. 특히 취업을 준비할 때에는 면접관이 당신을 뽑고 나서 '이 사람을 왜 채용했는지'에 대해 다른 사람들을 쉽게 납득시킬 수 있도록 만들어주면 좋다.

"저는 이것도 해보고, 저것도 해봤습니다. 학교생활도 성실히 해서 학점도 꽤 높게 받았고, 토익 점수도 높습니다! 대외활동도 했고, 봉사활동도 하고, 자격증도 땄습니다!"

자기소개서나 면접에서 이렇게 말하는 지원자를 보면 인사담당자들은 어떤 생각이 들까? 이 말은 아마도 이렇게 들리지 않을까 싶다.

"저는 이 회사도 좋고, 저 회사도 좋습니다! 남들이 하는 건 물론 다 따라서 열심히 했습니다. 저만의 차별점이요? 그런 건 없지만 누구보다 이 회사를 위해 최선을 다할 열정은 있습니다! 일단 뽑아만 주세요!"

당신이 만약 인사담당자라면 이렇게 말하는 사람을 뽑고 싶겠는가? 물론 요즘에는 면접 준비를 전문적으로 도와주는 학원이나 과외들이 많이 생기면서 모범적인 답안들을 기계처럼 외워서 내뱉는 구직자들도 많다. 면접 전문가들은 면접관들이 학원에서 배우는 '기계 같은 답변'을 싫어하는 것을 감안해서 최대한 구직자들의 인생스토리를 짜 맞추어 만들어낸다. 그 회사의 면접관들이 좋아할 만한 이상적인 답변들로 말이다.

나는 이 글을 쓰기 위해서 면접/자기소개서/입사지원서 전문가들의 책도 읽고 강의도 들어봤는데, 유명한 면접 전문가들이 코치해주는 대답들에는 공통점이 있었다. 그리고 놀랍게도 인사담당자들이 좋아하는 답변들은 지금부터 말하고자 하는 내용과 비슷했다. 다른 점이 있다면 면접 전문가들은 구직자들의 '면접에 대비해 대답할 내용'을 만들어주는 반면 나는 '실제 삶을 그 면접 대답처럼 만들 것'을 강조한다는 점이다.

생각해보자. 고등학교 내내, 대학교 내내 시간과 돈을 부어가며 그렇게 노력했으면서 면접 때는 거짓말을 해야 한다는 것이 이상하게 느껴지지 않는가? 왜 우리는 항상 면접장만 가면 떳떳하지 못할까? 지금부터 이 상황들이 왜 일어났는지 설명해보려고 한다.

'기업과 구직자는 서로 거래를 하는 관계다.'

이 말이 현실적으로 느껴지지 않는 이유는 수요와 공급 법칙 때문이다. 수많은 구직자들에 비해 일자리는 너무도 적다. 적어도 우리는 그렇게 알고 있다. 그렇기 때문에 적은 인원을 뽑는 곳에 점점 더 사람이 몰리고, 경쟁률이 심화된다. 언론에서는 하루가 멀다 하고 청년 실업률이 높다며 겁을 준다. 이에 청년들은 '열심히 준비해야겠구나'라고 생각하며 대학 생활 내내 이력서에 채울 수 있는 내용들을 만들어가기 시작한다. 주변 친구들이 전부 다 최대한 높은 점수를 얻고자 하니 자신 또한 그렇게 한다. 토익 점수, 학점, 봉사활동, 대외활동, 인턴 등 일단 할 수 있는 건 다 해둔다.

간간히 '내가 좋아하는 것이 무엇일까?', '내 꿈은 무엇일까?' 생각해보지만 딱히 생각이 나지 않는다. 좋아하는 일도 모르는데, 꿈도 못 찾았는데 아무것도 하지 않으면 불안하니 일단 할 수 있는 것부터 최선을 다해 하기로 한다. 방학에는 역시 친구들 다 가는 해외여행을 가거나 토익 점수 올리기에 매진한다. 그러다 보면 어느새 대학교 졸업이 다가오고, 평생을 바쳐 이루고 싶은 꿈은 여전히 못 찾은 상태다. 이때쯤 되면 역시 꿈 따위는 현실과 먼 이야기라며 뒤로 던져둔다. 그리고 이제 '어떤 회사에 들어갈까'를 고민하는 순간이 온다. 주변에서 들려오는 좋은 회사들은 경쟁률이 미친 수준이고, 열심히 준비했던 내 이력들은 흔하디흔한 이력에 불과한 상황에 마지막 힘을 쥐어짜서 토익점수를 좀 더 올리고 면접 준비에 돌입한다.

면접 예상 질문은 내가 평생 답을 못 찾은 내용들뿐이다. "왜 이 회사에 지원했습니까?"라는 질문에 "내가 선택할 수 있는 회사 중에 그나마 나아 보이더라"라고 대답할 수는 없으니 면접학원을 다니며 예상 질문 답변을 준비한다. 면접 전문가들은 내가 해왔던 것들, 살아왔던 인생들을 아주 적절하게 믹스해서 내가 그 회사에 들어가고 싶어 하는 이유를 만들어준다.

어쩌다 보니 친구 따라서 갔던 대외활동, 봉사활동과 얼떨결에 지원했던 인턴들, 방학 때 청춘을 그냥 보내긴 싫어서 무작정 떠났던 여행들이 마치 '이 회사에 입사하기 위해' 오래전부터 계획해왔던 것처럼 하나의 스토리로 이어진다. 그리고 우리는 이렇게 만들어진 이야기를 마치 진짜 나의 삶인 것처럼 외워서 면접 때 당당하게 대답하곤 한다.

"그럼 대체 어쩌라고요. 또 자신의 인생을 미리 계획하고 만들어가라는 식상한 말이나 하려는 거예요, 면접 때 거짓말하지 말고요?"

말도 안 되는 소리. 그것이야말로 내가 가장 비현실적이라고 생각하는 말 중 하나다. 어차피 인생은 계획대로 되지 않는다. 내가 말하고자 하는 것은, 자신이 해왔던 것들을 이왕 하나의 이야기로 만들 거라면 누구나 해봤음 직한 식상한 이야기들 말고 정말 '자기만의 이야기'가 될 수 있는 신선한 재료들을 만들어놓으라는 뜻이다. 재료들이 신선해야 완성된 이야기도 신선하지 않겠는가.

예를 들면 외식업종에서 아르바이트를 해본 사람들은 많지만, 일을 하면서 작업 절차서를 직접 만들어본 경험이 있는 사람은 거의 없다.(작업 절차서란 새로운 직원이 왔을 때 교육을 할 수 있는 매뉴얼이다. 시스템이 잘 갖춰진 회사들은 대부분 가지고 있지만, 자영업자들이나 프랜차이즈 지점들에서는 갖고 있지 않은 경우가 많다.) 빵집 아르바이트를 해본 사람들은 많지만, 유통기한이 다 되어가는 빵을 새롭게 포장해서 지나가는 사람들에게 홍보했던 경험이 있는 사람은 거의 없다.(실제로 빵집에서는 유통기한이 도래해 버리는 빵의 양이 꽤 된다. 이런 빵들은 대부분 직원들에게 나눠주거나 폐기한다.) 방학 때마다 해외여행을 다니는 사람들은 많지만, 해외에 나갈 때마다 관심 있는 분야의 해외 업체들을 분석해서 정리한 경험이 있는 사람은 거의 없다.(대부분의 기업들은 항상 해외의 경쟁 업체들을 분석하고, 직원들을 출장 보내 벤치마킹 할 것들을 찾아오도록 하곤 한다.) 자신이 원하는 직종의 성공한 사람들을 찾아가 인터뷰를 하는 사람들은 많지만, 그 인터뷰 내용들에 자신의 전문성을 덧붙여 책을 쓴 사람은 많지 않다.(서점에 가면 성공한 사람들의 자서전뿐만 아니라 성공한 사람들을 인터뷰해서 쓴 책들이 많이 있다. 《성공한 사람들의 7가지 습관》, 《한국의 젊은 부자들》 등등) 이 사례들의 공통점은 대학생들이라면 누구나 다 했을 법한 그냥 뻔한 이야기가 아닌, 실제로 일을 하면서 능동적으로 기획하고 성과를 냈던 내용들이다.

작업 절차서를 만들어두면 새로운 직원이 왔을 때 일을 가르치는 시간을 줄일 수 있고, 교육해야 하는 내용이 누락되는 경우가 확연히 줄어든다. 대부분의 빵집 아르바이트생들이 남는 빵을 가져가고 싶어 안달인 반면, 더 잘 팔리는 방법을 고민하고 기획해서 팔았다는 점은 꽤 높이 살 만하다. 또 보통은 해외여행을 가서 놀러 다니고 쉬기 바쁜데, 여행까지 가서 기업들을 분석했다는 것은 그만큼 그 분야에 관심이 있고 열의를 쏟을 준비가 되어 있다는 뜻이다. 따라서 단순히 열심히 하겠다는 말보다 100배는 더 설득력이 있다.

아무 생각 없이 멘토 찾기 놀이에 빠져 있는 사람들은 수두룩하다. 반면 멘토에게 배운 내용을 깊숙이 습득하여 실제로 자신의 삶에 적용하는 사람은 흔치 않다. 게다가 자신이 전문성을 갖길 원하는 분야에 대해 공부한 내용들을 정리해서 책으로 써냈다고 하면 단순히 열심히만 하는 사람이 아닌, 성과를 만들어낼 줄 아는 인재로 느껴질 것이다. 이런 이야기들은 특별한 사람만이 만들어낼 수 있는 것이 아니다. 연습만 하면 누구나 이런 방식으로 생각하는 습관을 가질 수 있고, 어디서든 성과를 낼 수 있다.

세상에는 비효율적으로 열심히 노력만 하면서 자신이 왜 인정받지 못하는지조차 모르는 사람들이 깔려 있다. 대표적인 예로 아르바이트를 하는 사람들 중에 1년 넘게 똑같이 시키는 일만 하면서 시급이 올라가지 않는다며 불평을 하는 사람들이 많다. 자신이 공무원인 줄 착각하는 모양이다. 사장의 입장에서 보면 1년을 일하든 2년을 일하든 그 사람이 똑같은 일만 한다면 똑같은 돈을 주는 것이 정상이다. 좋은 사장을 만난다면 기분 좋으라고 몇 백 원 정도는 올려줄지 모르겠지만 그 정도로는 삶에 실질적인 변화가 생기지 않는다. 반면 만약 당신이 시키는 일만 하지 않고 그 일에서 새로운 성과를 창출해내는 습관을 기르기 시작한다면 취업은 큰 문제가 되지 않는다. 취업이 잘될 뿐만 아니라 일을 시작한 지 얼마 지나지 않아 몸값이 올라가고, 스카우트 제의를 받게 될 것이다. 당연한 일이다. 수익 창출을 해야 하는 기업에서는 말만 번지르르한 사람이 아니라 성과를 내는 사람을 원하기 때문이다.

다른 사람들의 멘토가 되어라

삶의 무대에서는 좋은 자질을 보이는 자에게 명예와 보상이 주어진다.
- 아리스토텔레스

지금부터 이 책을 통틀어서 가장 중요하다고 할 만한 내용에 대해 말해 보려 한다. 원래 이 주제에 대해서만 책 한 권을 쓰려고 했을 정도이니 그 중요도가 어느 정도인지는 여러분이 판단하길 바란다.

다른 사람들의 멘토가 된다는 것은 돈을 버는 것뿐만 아니라 인정받고 싶은 욕구, 명예욕과 궁극적인 목표(자아실현)를 동시에 이루는 방법이다. 멘토라는 것은, 어찌 보면 사람들에게 "나도 저렇게 살고 싶다!"라는 말을 듣는 대상이 되는 것이다. 성공한 부자들이나 자신의 꿈을 이루기 위해 노력하며 멋지게 살아가는 사람들을 보면 어떤 생각이 드는가? 그렇게 한번 살아보고 싶지 않은가? 멘토들은 언제나 사람들에게 '동기부여'를 이끌어낸다.

만약 당신이 어떤 회사의 직원으로 들어갔다고 생각해보자. 넥타이는 항상 풀어헤쳐져 있는 상태로 사무실에서 담배나 뻑뻑 펴대고, 방구나 끼고, 코나 파면서 퇴근할 때까지 하는 거라곤 '부하직원 닦달'과 '회식 계획 짜기'밖에 없는 사람 밑에서 일하고 싶은가? 일처리는 거지같이 하면서 상사한테 아부만 떠는 사람을 보면 어떤 생각이 드는가? 심지어 그 사람이 당신에게 이런 말까지 한다면?

"○○씨, 일을 그런 식으로 해서 되겠어? 사회생활 그렇게 하는 거 아냐. 이 일, 내일 아침까지 끝내놔."

아마 그 사람 입에서 내 이름이 불리는 것 자체가 싫을 것이다. 시키는 일도 하기 싫어 죽겠는 것은 당연한 일이다.

그렇다면 반대로 이런 상사가 있다고 생각해보자. 잘 다림질 되어 있는 깔끔한 슈트 차림에, 잘 정돈된 머리스타일, 적당한 유머감각을 갖춘 상사. 퇴근 후에는 자기계발을 위해 중국어학원을 다니고, 주말에는 가족들과 여행을 다니는 사람. 평소 다른 사람에게 자신의 일을 미루기는 커녕 생색 없이 부하직원의 업무 부담을 덜어주는 상사. 인성도 좋고 일도 잘하는, 그야말로 멋진 상사를 보면 어떤 생각이 들겠는가? 충분히 회사에서 자신의 멘토로 삼을 만할 것이다. 이런 사람이 다음과 같이 말했다고 생각해보자.

"○○씨, 고생 많죠? 이번에 위에서 업무가 하나 떨어졌는데, 제가 직접 하려고 보니까 ○○씨 커리어에 도움이 될 만한 업무더라고요. 기한

이 내일까지라 좀 촉박한데, 아침까지 제 책상에 올려놓으면 제가 좀 일찍 출근해서 검토해볼게요. ○○씨한테 분명 도움이 많이 될 거예요."

물론 어떻게 보면 현실에서 있을 수 없는 상사지만, 어쨌든 자신의 멘토로 삼을 만한 사람이라고 머릿속에 대입해보길 바란다. 정말 급한 일정이 있지 않은 이상, 이런 상사의 업무 지시라면 밤늦게라도 기분 나쁘지 않게 일을 할 수 있을 것이다. 멘토가 나의 커리어에 도움이 된다며 정당한 일을 시키는데 누가 마다하겠는가. 충분히 긍정적인 동기부여가 된다.

이번에는 다른 예로, 만약 우리가 어떤 회사의 영업사원이거나 대표라고 생각해보자. 우리 회사의 상품이나 교육을 판매해야 하는데 고객들이 전혀 관심을 안 보인다. 아무리 문을 두들기면서 친근하게 말을 걸어도 돌아오는 건 차가운 반응뿐이다. 안타깝지만 고객의 입장에서 생각해보면 당연한 일이다. 당신이 뭘 하는 사람인지도 전혀 모르는데, 아무리 인상이 좋고 착한 사람이라고 한들 경계하기 마련이다. 그런 사람이 갑자기 무언가를 추천하면서 사라고 하면 사겠는가? 살 리가 없다.

이번에는 완전히 다른 관점에서 접근해보자. 당신이 어떤 사람의 책을 읽거나 강연을 듣고 감명을 받았다. 그 내용은 한 사람의 일대기가 담긴 삶의 이야기일 수도 있고 이제껏 전혀 모르고 살았던, 삶에 도움이 될 만한 지식일 수도 있다. 예를 들어보자.

"나는 평범한 청소년 시절을 지내고, 다른 친구들과 다를 것 없이 스펙전쟁의 세상으로 뛰어들었다. 학자금대출은 항상 나에게 큰 짐으로 다가온 반면, 대학에서 배우는 것들은 나의 삶에 크게 도움이 되지 않았다. 고민 끝에 결국 자퇴를 결심했다.

자퇴할 때 극구 말리던 교수님들과 친구들, 부모님의 말처럼 사회는 생각보다 더 잔인했고, 나는 지원서를 넣는 족족 다 떨어졌다. 결국 마지막으로 선택한 것은 보험(복합기, 식기세척기, 부동산, 은행 대출, 화장품, 건강식품 등 어떤 것도 될 수 있음) 영업이었다. 하라는 대로만 하면 성공할 거라던 강사들의 말을 믿었는데, 그 결과는 참혹했다.

주변 지인들은 하나둘씩 나를 떠나갔고, 가족들마저 나를 멀리하기 시작했다. 이래서는 안 되겠다는 생각이 들어 실패의 요인들을 하나하나 분석하기 시작했다. (중략) 첫 번째 요인은 나부터가 보험의 필요성을 몰랐고, 두 번째 요인은 고객이 필요로 하지 않는 물건을 그럴듯하게 권유하기가 힘들었다. 세 번째 요인은 다른 영업사원들처럼 말을 유창하게 하지 못했다.

이 요인들을 깨닫고 난 뒤로부터는 철저히 고객들의 입장에서 생각해보기로 했다. '이 고객에게 필요한 보험은 무엇일까?' 이 질문에 나 스스로부터 대답하기 위해 우리나라 모든 보험회사의 상품들을 분석해야만 했다. 그 과정에서 한 달 동안 잠을 자지 못했다. (중략) 모든 회사의 상품들을 분석해서 각각의 고객에게 최적화된 보험을 최저가에 추천할 수 있게 되었고, 만족하는 고객들은 하나둘씩 늘어나기 시작했다. 사람들은 나를 더 이상 보험 영업 하는 사람이라고 부르지 않고, 위험관리 전문가로 인식하기 시작했다."

전형적인 자기계발서식 스토리텔링이다. 이 책을 읽고 감명을 받은 당신이 만약 저자를 만난다면 어떻게 생각하게 될까? 일반보험 영업사원들과 그를 똑같이 판단할까? 아마도 그렇지 않을 것이다. 책의 저자이면서 위험관리 전문가로 인식하게 될 것이다. 그가 하는 일이 바뀌었는가? 그렇지 않다. 영업사원으로서 만약 당신이 그 저자와 같은 입지를 갖추게 된다면 앞으로 하는 일은 완전히 달라질 것이다. 이제부터는 무작정 사람들을 만나면서 보험을 권유하는 것이 아니라 그저 잠재고객들에게 자신의 책을 읽게 하고, 독자들과의 만남을 자주 가지기만 하면 된다.

그 독자들이 만약 보험을 들어야 할 일이 생기거나 보험에 관심이 생긴다면 누구를 찾겠는가? 보험 영업사원? 위험관리 전문가? 인터넷 검색? 바로 당신일 것이다. 그러면 예전처럼 굳이 보험에 대해 열심히 설명할 필요도 없다. '당신이 추천해주는 보험'이 곧 그들에게는 '안전하고 좋은 보험'으로 느껴질 테니 말이다. 이 방법을 세일즈 업계에서는 전문용어로 '멘토 포지셔닝'이라고 말하고, 1인 기업의 세계에서는 '퍼스널 브랜딩'이라고 말한다. 이러니 요즘 다들 책을 쓰고 강연을 하려고 난리인 것이다. 그럼 이미 경쟁이 치열하지 않느냐고? 물론 치열하지 않다고 말할 수는 없지만, 그럼에도 불구하고 해야 한다.

첫 번째 이유는 어차피 그 분야의 전문가가 되는 과정과 멘토 포지셔닝을 하는 과정이 일맥상통하기 때문이다.

두 번째 이유는 당신의 주변을 보면 알 수 있다. 책을 쓰는 사람이 아무리 많다지만, 막상 주변에는 별로 없지 않은가? 아직 블루오션이다.

최근 네트워크 마케팅을 하는 사람이 컨설팅을 요청해온 적이 있다. 화장품과 건강식품, 다이어트 사업을 주로 하는 분이었는데 나는 단칼에 잘라 말했다.

"하나만 하세요. 전부 다 하려고 하면 그냥 네트워크 마케팅 사업의 톱니바퀴가 됩니다. 화장품이면 화장품, 건강식품이면 건강식품, 다이어트면 다이어트 한 가지만 정해서 그 분야의 멘토로 포지셔닝 하세요."

고객 유치뿐만 아니라 대리점까지 만들어야 하는 네트워크 마케팅의 경우 정말 잘 생각해봐야 한다. 특히 우리나라에서는 상황이 더 취약하다. 상대방의 입에서 "그거 다단계 아냐?"라는 말이 나오면 이미 끝난 거라고 보면 된다. 아무리 설득해도 어렸을 때부터 갖게 된 고정관념은 쉽게 깨지지 않기 때문이다. 논리는 이해해도 무언가 찝찝한 기분이 들기 때문에 굳이 하려고 들지 않는다. 꽤나 힘든 사업이다.

그렇다고 방법이 없는 것은 아니다. 고객들에게 자신의 위치를 네트워크 마케팅의 사업자가 아니라 화장품 전문가나 다이어트 전문가로 포지셔닝 하면 된다. 위의 보험 영업사원과 같은 맥락이다. 자신의 스토리텔링과 함께 내용을 조금 바꿔주면 된다. 예를 들면 이렇게 말이다.

"어렸을 때부터 나는 피부에 대한 콤플렉스가 심했다. 평소 화장품에 관심이 많던 지인에게서 성분을 체크해보란 말을 듣고 화장품 성분에 대해 공부하기 시작했다. (중략) 그 결과 점점 주변 사람들이 나에게 화장품을 추천받기 시작했고, 나는 그 분야를 조금 더 파고들기 위해 화장품 회사에 입사하기로 결심했다.

화장품 회사에 속해 있다 보니 맘껏 공부를 할 수 있어 좋긴 했지만 안 좋은 점이 있었다. 우리 회사 상품보다 더 좋고 저렴한 물건이 있더라도 나는 우리 회사 상품만을 판매해야 했다. 그건 회사의 규정이었지만, 내가 모른다면 몰라도 알고 있는 상태에서 그렇게 하는 것은 양심이 허락하지 않았다. 결국 나는 그 회사를 퇴사하고 피부컨설팅연구소(가칭)를 만들었다. 사람들에게 각자 피부에 맞는 화장품을 분석해서 추천해주고, 세상의 모든 사람들이 나처럼 피부 때문에 고민하지 않도록 화장품 전문가 양성 프로그램을 만들었다."

눈치 챘겠지만 화장품 전문가 양성프로그램은 어떤 의미에서 보면 대리점 양성 프로그램이 될 수도 있다. 화장품 전문가가 되고 싶어서 돈을 내고 교육을 듣는 사람들이 네트워크 마케팅 판매상품이라고 해서 마다하겠는가. 모든 화장품들을 분석해야 한다는 합당한 명분하에 교육을 진행하고, 대리점을 양성하면 된다. 대신 그 화장품들이 전문가의 입장에서 봐도 정말 좋은 상품이라는 가정하에 말이다.

지금 내 말의 요지는 절대 사기를 치라는 것이 아님을 명심하길 바란다. 스토리텔링은 반드시 실화를 바탕으로 써야 하며, 위의 사례는 방향을 잡는 데 도움을 주기 위해 쓴 내용이지 절대 지어내서 책을 쓰라는 것이 아니다. 나는 세상의 모든 사람들이 성공하기 위해 먼저 동기부여 전문가가 되어야 한다고 믿는다. 자신의 멘토를 정해 본받으며 성장해야 하고, 그 과정에서 자신을 멘토로 삼는 사람들이 생기도록 만들어야 한다. 어쩌면 인성, 외모, 능력 모두 빈틈없이 갖추기 위해 노력해야 한다는 뜻이기도 하다. 사람들이 당신에게 "당신처럼 살고 싶어요"라고 말한다면 얼마나 삶이 재미있어질지 생각해보라. 세계적인 팝 아트의 제왕으로 불리는 앤디 워홀이 이런 말을 했다.

"일단 유명해져라. 그렇다면 사람들은 당신이 똥을 싸도 박수를 쳐줄 것이다."

다소 자극적이지만, 내가 말하고자 하는 것이 무엇인지 알 것이다. 성공하고 싶고, 부자가 되고 싶다면 먼저 멘토가 되어라.

자신의 가치를 증폭시켜라

자신의 가치는 다른 어떤 누군가가 아닌, 바로 자신이 정하는 것이다.
- 엘리너 루스벨트

시중에 판매되고 있는 재테크 관련 책들은 너무도 많다. 통장 관리, 적금, 보험, 펀드, 주식, 부동산 등등 분야별 베스트셀러에 올라와 있는 책들을 읽어보면 공통적으로 나오는 말들이 있다.

"월급의 ○○퍼센트 이상은 단기, 중기, 장기 상품으로 분산 저축하라."

"종자돈을 만들기 위해 무조건 아껴라."

당연히 틀린 말은 아니다. 꼭 재테크가 아니더라도, 결국 돈에 구애받지 않는 삶을 구축하기 위해서는 결정적인 순간에 종자돈이 필요하기 마련이다. 그런데 문제는 단순히 절약만 해서는 종자돈을 모으기까지 너무 오랜 시간이 걸린다는 것이다. 한 달에 100만 원씩 모아서 어느 세월에 종자돈을 만들겠는가? 현실적으로 매달 100만 원이라도 모을 수 있으면 축복받은 사람이다.

"그러면 어떻게 하라는 겁니까? 빚을 내서 투자하라는 거예요?"

이렇게 물을 수도 있는데, 그렇지 않다. 혹시 '파이프라인 우화'에 대해 들어본 적이 있는가? 사업이나 재테크에 관심이 많은 사람들은 책이나 강연을 통해 한 번쯤 들어봤을 것이다. 그 내용을 요약하면 다음과 같다.

작은 마을에 파블로와 브루노라는 두 젊은이가 살고 있었다. 마음속에 열정을 품고 있던 두 친구는 어느 날 마을과 인접한 산중턱에 있는 샘물에서 물을 길어 마을 광장의 물탱크까지 나를 인력거꾼을 모집하는 것을 보고 높은 보수에 혹해 그 일을 시작하게 되었다.

두 청년은 하루 종일 산중턱에서 마을의 물탱크까지 물을 길어 날랐다. 브루노는 물을 길어 나르는 일에 매우 만족하였으나, 파블로는 달랐다. 물을 길어 나르느라 하루 종일 고되게 일하는 것에 지치기도 했고, 무엇보다 그 일을 해서 버는 수입에 만족할 수 없었기 때문이다. 파블로는 다른 생각을 하기 시작했다.

파블로는 산중턱의 샘물에서 탱크까지 이어지는 파이프라인을 만들어 더 많은 물을 손쉽게 옮기려 했다. 이 생각을 브루노에게 제안했으나 브루노는 거절했다. 브루노는 지금 하는 일에 만족하고 있었고, 파이프라인을 만드는 중에 일을 못하게 되면 수입이 줄지 않을까 걱정을 했던 것이다.

파블로는 혼자서 파이프라인을 만들기 위해 남은 시간을 최대한 활용했다. 파블로가 파이프라인을 만드느라 일에 집중하지 못하는 동안 브루노는 더욱더 열심히 일했고, 집과 소도 소유하게 되었다. 그러나 브루노는 고된 노동을 계속한 결과 부쩍 건강이 나빠졌으며, 그로 인해 일의 성과도 점차 떨어졌다. 그러는 사이 파블로의 파이프라인은 어느덧 완공이 되었고 파블로의 파이프라인은 그가 무엇을 하든 쉬지 않고 물을 마을로 흘려보냈다. 본인이 직접 수고스럽게 일하지 않아도 점점 더 많은 양의 물을 기를 수 있게 된 것이다. 결국 파블로는 그 마을에서 가장 성공한 젊은이가 되었다.

간단히 말해 단순한 노동으로 돈을 벌지 말고 '돈 나무(직접 일을 하지 않아도 돈이 벌리는 시스템)'를 키우라는 내용이다. 이 우화에서 간과할 수 있는 내용들을 좀 더 다뤄보자. 파블로의 선택은 결론적으로 봤을 때 매우 훌륭했다. 파이프라인 우화를 쓴 저자가 전달하고자 하는 메시지가 '파블로처럼 되어라'였으니 지극히 당연한 결말이다. 그렇다면 이번에는 다른 방향에서 이 우화를 살펴보자.

'파이프라인이 완성되기까지의 시간이 생각보다 너무 오래 걸린다면?'

'파이프라인을 만드는 데 필요한 원자재 비용과 파이프라인 설계 전

문가 비용(또는 설계를 배우는 데 쓰는 비용) 등이 부족하다면?'

'파이프라인을 다 만들고 나니 예상했던 것보다 초기 보수비용이 많이 들어간다면?'

그렇다면 리스크가 너무 크지 않을까? 이런 식이라면 오히려 집과 소를 사둔 브루노가 훨씬 낫다. 실제로 창업을 준비하거나 부동산 투자 등의 파이프라인을 만들려는 사람들 중 90퍼센트 이상은 이와 비슷한 양상을 보인다. 그리고 포기한다. 이런 사람들은 돈은 돈대로 까먹고, 삶의 기대치는 너무 올라가 있으니 웬만한 직장생활은 눈에 차지도 않는다. 그렇게 수많은 사람들이 '꿈'이라는 희망에 부풀어 살다가 현실을 깨닫고 굉장히 불행한 삶을 살아간다.

"그렇다면 파이프라인(돈 나무)을 만들지 말라는 겁니까?"

그럴 리가. 돈에 구애받지 않는 삶을 살기 위해서는 어떤 수를 써서라도 만들어야 한다. 다만 그전에 준비할 것이 있다는 사실을 알려주려는 것뿐이다. 바로 이것.

'자신의 가치를 증폭시키는 것'

당신이 직장에 매여 있건, 자유롭게 창업을 준비하건 자신의 가치를 먼저 증폭시키지 않고서는 사업이나 투자를 진행하기가 어렵다. 모아둔 돈이 충분하다면 좋겠지만, 대부분 그렇지 않기 때문이다.

우리는 이 문제에 대한 해결책을 생각해두어야 한다. 직장을 다니는 사람이라면 월급을 올릴 방안을 찾아야 한다. 또 직장을 다니지 않는다면 프리랜서로 어느 정도의 수익을 만들 수 있어야 한다. 투자를 받아 사업을 하고 싶다면 사업 기획력과 전문성을 키워야 한다. 부자가 되어서 나의 가치가 올라가는 것이 아니라 애초에 나의 가치가 올라가야 부자가 될 가능성이 높아지는 것이다.

직장인을 예로 설명하자면 월급 200만 원으로 최대한 아끼고 아껴서 100만 원을 저축할 생각을 하지 말고, 애초에 월급 300만 원을 받겠다는 생각으로 살아야 한다는 말이다. 즉, 생각의 방향을 바꿔야 한다.

'어떻게 더 아낄 것인가?'

→ '어떻게 나의 가치를 올려서 더 많은 돈을 받을 것인가?'

회사원, 전문직, 프리랜서, 아르바이트생, 창업가 등 당신이 어떤 상황에 있는 사람이든 중요하지 않다. 자신의 가치를 높이기 위해 학원을 다녀야 하거나 전문가에게 컨설팅을 받아야 하는 경우 과감히 돈을 써라. 당장 아끼고 저축해야 한다는 이유로 자신의 가치를 높일 기회를 놓쳐서는 안 된다. 만약 아무리 열심히 하고 실력을 갖춰도 당신의 가치를 회사가 못 알아본다면 당장 그만두는 게 낫다(물론 본인의 가치를 과대평가하지 않는다는 조건하에서).

작은 성공을 팔아 큰 성공으로 만들어라

성공한 사람이 될 수 있는데 왜 평범한 이에 머무르려 하는가?
- 베르톨트 브레히트

열심히 돈을 쓰고, 미친 듯이 배웠다면 이제는 돈을 벌어야 할 차례다. 여러분도 알다시피 세상에 돈을 버는 방법은 셀 수 없이 많다. 가까운 서점만 가도 부자·성공 분야에 수많은 방법론들이 판을 치고 있다. '성공하는 사람들의 몇 가지 비밀' 등의 주제로 부자들을 인터뷰해서 그들의 공통점을 연구한 책들도 있고, 이미 성공한 부자들이 직접 쓴 자서전 부류의 책들도 주를 이룬다.

나 또한 만약 이 책을 쓰면서 욕심을 부렸다면 부자가 되는 여러 방법들에 대해 세밀하게 연구해서 담으려고 했겠지만, 아무리 생각해도 그것은 불가능했다. 그렇게 책을 썼다가는 한 가지 분야도 제대로 파고들지 못할 터였다. 그래서 결국 직접 경험했거나 바로 옆에서 지켜봤던 100퍼센트 실제 사례들만 책에 담기로 했다. 쉽게 말해 이 책의 내용은 교육·콘텐츠 분야에 치중되어 있다. 이 분야는 뷰티 관련 업종(피부관리, 네일아트, 왁싱 등), 교육·행사 관련 업종(MC, 강사, 상담사, 코치 등)이나 소자본 창업 관련 업종에서 일하고 있는 사람들이 특히 적용하기 좋다. 공기업 계열을 제외한 대부분의 직종에서도 약간만 응용한다면 얼마든지 대입이 가능한 수익구조다. 해답은 의외로 간단하다.

'작은 성공을 팔아 큰 성공으로 만드는 것'

만약 당신의 월급이 약 200만 원 정도라고 생각해보자. 실제로 뷰티 관련 업종에서 일하는 직원들은 이 정도의 급여조차 받지 못하고 일하는 경우가 많다. 프리랜서나 창업자들조차도 나름 그럴듯한 명함을 가지고 있지만 실제 월수입은 200만 원이 채 안 되는 경우가 태반이다. 다음 글을 보자.

"저는 평범한 피부관리사였습니다. 약 5년 동안 200만 원도 안 되는 월급을 받아가면서 힘들게 살았어요. 대기업에 들어간 친구들은 '돈을 아무리 많이 주면 뭐 하냐, 야근이 너무 많다'고 불평했지만 제 눈에는 그 친구들이 복에 겨워 보였습니다. 그렇다고 평생 하던 일을 갑자기 바꿀 용기는 없고, 도저히 이렇게는 못살겠다 싶어서 어떻게 하면 월급을 획기적으로 올릴 수 있을지 끊임없이 연구해왔습니다. 여러 가지 시행착오를 겪었지만, 이제는 500만 원 정도의 월급을 받으면서 주변 사람들에게 제대로 된 전문가라는 인정까지 받고 있습니다. 생각해보면 정말 사소한 변화였는데, 왜 여태까지 이걸 몰랐을까 싶습니다. 주변의 친한 사람들은 같은 고민을 하지 않았으면 하는 마음에 제가 썼던 방법들을 알려주었더니 몇 달 만에 월급이 두 배 이상 올랐다며 저에게 고마워하더라고요. 뷰티 업종에 종사하는 모든 분들이 전문가로 인정받았으면 하는 마음에 이 사례들을 토대로 〈피부관리사 월급 석 달 만에 두 배로 올리는 7가지 노하우〉라는 4주 과정의 교육 프로그램을 만들었습니다."

당신이 만약 200만 원도 안 되는 월급을 받고 있는 피부관리사라면 이 교육을 받아보고 싶지 않겠는가? 이 교육을 위해 얼마까지 투자할 수 있겠는가? 석 달 만에 월급이 두 배로 오른다면 한 달 월급 정도는 교육에 투자할 수 있지 않을까?

대부분의 사람들이 관심을 갖는 것은 1퍼센트의 성공 스토리가 아니다. 실제로 나와 비슷한 상황에 있던 사람이 이루어낸 작은 성공에 훨씬 더 많은 관심을 갖는다. 자신도 똑같이 적용할 수 있겠다는 자신감이 생기기 때문이다.

월급 200만 원을 받고 일하는 사람에게 연매출 1,000억 원대의 기업가가 조언을 해준다면 과연 그 내용을 이해할 수 있을까? 이해한다고 해도 당장 행동으로 옮길 수 있을까? 아마도 힘들 것이다. 열심히 듣는 시늉은 하겠지만 머릿속으로는 '나는 저렇게 될 수 없어. 저 사람은 특별한 사람이니까 저렇게 된 거야'라고 생각할 확률이 크다. 우리는 지금 당장 큰 성공을 바라보기보다 작은 성공에 집중해야 한다. 작은 성공을 이룬 뒤에 그 성공 사례와 방법을 교육하며 큰 성공으로 도약하면 된다.

이 방식의 가장 좋은 점은, 교육을 하려면 피부관리사들의 경제적 고민을 덜어주기 위해 끊임없이 연구해야 한다는 것이다. 그리고 그들이 수익을 올릴 수 있도록 진심으로 도와주는 것이다. 물론 그들과 우리 모두를 위해 합당한 비용을 받고 말이다. 이것이야말로 사람들이 그토록 말하는 선한 영향력이 아니면 무엇이겠는가. 이런 방법이야말로 이타적으로 이기심을 채우는 최고의 방법이다. 완벽한 상생 구조이며 경제적 선순환이다. 이쯤 되면 또다시 궁금증이 생길 것이다.

"월급을 200만 원에서 500만 원으로 올리려면 대체 어떻게 하라는 거예요? 말이 작은 성공이지, 될 거였으면 진작 됐겠죠."

세상에 공짜는 없다. 이 문제를 해결하기 위해 2장에서 그토록 배우라고 말했던 것이다. 가장 간단하고 정확한 방법은 당신이 일하는 분야에서 500만 원을 벌고 있는 사람을 찾아가서 어떻게든 제자가 되는 것이다. 만약 그런 사람이 정녕 없다면(없을 리가 없겠지만) 조금이라도 도움이 될 만한 강의나 책들을 끊임없이 쫓아다녀야 한다. 그리고 배운 내용들을 바로 실행에 옮기면 된다.

세상에 존재하는 모든 직업의 수익상승 방법을 이 한 권의 책에 일일이 담을 수는 없지만, 대신 당연한 원리 하나는 알려줄 수 있다. 시간을 많이 투자하면 돈을 아낄 수 있고, 반대로 돈을 쓰면 시간을 아낄 수 있다. 당신에게 지금 더 아까운 것은 무엇인가? 앞에서도 말했듯이 돈을 벌 기회는 무한하지만, 시간은 제한적이다.

여기서 우리가 꼭 유의해야 할 점이 있다. 모든 사람들이 이 방법을 건전하게 이용해서 깔끔한 사회가 된다면 무척 좋겠지만, 현실은 그렇지 않다. 안타깝게도 돈이 되는 곳에는 항상 부정과 비리가 생기기 마련이다.

예를 들자면 이렇게 돈 버는 방식을 깨닫고 급한 마음에 곧바로 돈을 벌려고 하는 사람들이 있다. 그 사람들이 선택하는 방법은 하나다. 본인의 수익은 그대로 200만 원인데, 성공한 사람들의 책이나 강연을 대충 짜깁기해서 책을 쓰고 강연을 한다. 또 극적인 요소를 살리기 위해 본인의 스토리를 거짓으로 만들어내고, 마케팅을 배워서 사람들을 유혹한다.

이와 관련해서 한마디 덧붙이자면, 최근 퍼스널 브랜딩이 대두되면서 책을 쓰려는 사람들이 많아졌다. 때문에 이를 이용한 '책 쓰기 프로그램'이 유행하고 있다. 적게는 몇 백만 원에서 크게는 천만 원 이상까지 받는 이 수업들의 교육 방식은 대체로 비슷한 양상을 띤다. 벤치마킹할 책들을 최대한 많이 구해놓고, 본인의 타이틀에 맞게 제목과 목차를 짜깁기하는 것이다. 일단 소제목을 정한 뒤 벤치마킹할 책들을 뒤지며 그 소제목마다 들어갈 사례들을 찾아 적어 넣는다.(독자들의 이해를 돕기 위해 넣는 사례와는 다르다. 목적 자체가 책의 분량을 채우기 위한 사례들이다. 당연히 사례의 퀄리티가 떨어질 수밖에 없다.)

고가의 책 쓰기 프로그램 예시

▸성공한 사람들의 7가지 습관(벤치마킹할 책) → 피부미녀들의 7가지 습관(피부 전문가)

▸만나는 사람을 바꿔야 인생이 바뀐다(벤치마킹할 책) → 타는 차를 바꿔야 인생이 바뀐다(중고차 딜러)

이 정도만 해도 그럴듯한 책의 형식을 갖추게 된다. 화룡정점은 이렇게 제조된 책에 본인의 스토리를 과장 및 거짓 생성하여 넣는 것으로 마무리된다. 책을 써본 사람으로서 말하자면 자신의 철학과 그에 대한 배경 이야기가 있다면 책 쓰기 강의에 절대 큰돈을 들일 필요가 없다. 돈을 빨리 벌고 싶은 욕심은 알겠지만, 그래도 교육하는 사람이 사기를 쳐서야 되겠는가.

다시 본론으로 돌아가서, 우리는 작은 성공을 팔아 큰 성공으로 만들 수 있다. 게다가 이 방법은 완벽한 경제의 선순환을 이루며 상생하는 길이다. 작은 성공을 위해서는 자신의 분야에서 성공한 사람을 찾아가 배우거나 조금이라도 도움이 될 만한 교육을 끊임없이 접해야 한다. 빨리 성공하고 싶더라도 거짓으로 성공을 만드는 행위는 하지 말자.

당신이 만약 공무원이라면?

배우기를 그친 사람은 스무 살이든 여든 살이든 늙은 것이다.
항상 배움의 끈을 놓지 않는 사람은 젊다.
삶에서 가장 위대한 일은 정신을 늘 젊게 유지하는 것이다.
- 헨리 포드

이 책은 얼핏 보면 공무원들에게는 전혀 해당되지 않는 먼 나라 이야기처럼 보일 것이다. 국가공무원법 제64조(영리업무 및 겸직 금지)에 떡하니 이런 문장이 적혀 있기 때문이다.

'공무원은 공무 이외의 영리를 목적으로 하는 업무에 종사하지 못하며 소속기관장의 허가 없이 다른 직무를 겸할 수 없다.'

나는 20대의 대부분을 군인의 신분으로 지내면서 누구보다 공무원의 영리 행위에 관심이 많았던 사람이다. 내가 봐온 대부분의 공무원들은 재테크에 무한한 관심을 가지고 있다. 다른 교육시간에는 시작하기도 전에 눈을 감고 숙면을 취하던 사람들도 경제·재테크 교육만 하면 90퍼센트 이상이 교육에 집중하는 모습을 보이니 말이다. 이처럼 대부분의 공무원들은 돈을 불리는 것에 관심이 많으면서도 월급 이외의 수익구조에 대해 생각하지 않는다. 그저 주식, 부동산 등의 재테크가 유일한 방법이라고 생각한다.

안정적인 급여와 퇴직 후 받는 연금을 생각하며 '난 그냥 이대로 살래. 먹고사는 데 지장 없으면 됐지 뭐 그렇게 피곤하게 살아. 그러려고 열심히 공무원 준비한 줄 알아? 승급할 때 맞춰서 점수나 채우면 돼'라고 생각하는 사람들은 이 글을 굳이 끝까지 읽을 필요가 없다. 그런 사람들의 의견 또한 존중한다. 그러나 만약 당신이 '나는 공무원이지만 자기계발과 성장에 힘쓰고 싶고, 경제적 여유를 갖고 지금보다 조금이라도 더 넉넉하게 살고 싶다. 퇴직 후에도 단순한 생계유지를 위한 삶이 아닌 사회에 영향력을 끼치며 멋지게 살아가고 싶다'는 마음을 가지고 있다면 이 글을 부디 끝까지 읽어주기 바란다.

공무원은 단순히 직급으로 나눠지는 것이 아니라 세분화된 직렬/직종/특기를 가지고 있다. 우리가 일반적으로 알고 있는 경찰/소방/군인들도 특정직 공무원에 속하고, 이외에도 분류기준에 따라 수없이 나뉜다. 내가 지금부터 말하는 방법은 여러분이 어떤 직급을 가진 공무원이든 적용이 가능하다. 방금 전에도 이야기했듯이 공무원은 공무 이외의 영리업무를 하지 못한다. '소속기관장의 허가 없이'는 말이다. 그렇다면 반대로 소속기관장의 허가를 득한다면 가능하다는 말이다.

좀 더 확실히 알아보기 위해 공무원 행동강령, 특히 영리업무 및 겸직 금지 의무와 관련하여 복무징계 관련 예규에서 들고 있는 사례들을 살펴보았다. 그 결과 공무원이 재직 중에도 합법적으로 추가 수익을 창출하고, 전역 이후 지속해서 할 수 있는 일들이 크게 세 가지 있었다.

1 임대사업

2 서적 출간

3 외부 강의

임대사업의 경우는 굳이 이 책에서 논할 필요가 없을 듯하다. 이미 많은 공무원들이 부동산에 관심을 갖고 있고, 무엇보다 내가 원하는 것은 단순히 불로소득을 늘려서 연금을 더 넉넉하게 만드는 것이 아니기 때문이다.

나는 평균수명 120세 시대에 공무원들이 60세 퇴직 후에도 제2의 전성기를 누리며 살아가길 진심으로 바란다. "내가 왕년에는…"과 같이 말하며 언제까지 과거만 팔아먹을 셈인가. 젊은이들에게 존경받아 마땅할 '기성세대'라는 단어가 어느새 '꼰대' 이미지로 깊숙이 자리 잡혔는데, 우리 세대마저 이런 현실을 답습해서는 안 된다.

다시 본론으로 돌아가, 공무원이 책을 출간하거나 강의를 할 수 있을까? 결론부터 말하면 가능하다. 공무원 행동강령 제15조(외부 강의 등의 사례금 수수 제한)의 항목들을 보면 이에 대한 조건들이 상세히 나와 있다.

요약하자면 업무에 지장이 있거나 보안상 위배되는 내용이 아니라면 대체로 외부 강의는 가능하다는 내용이다. 다만 강의를 통한 수익은 제한 금액이 정해져 있는데, 내가 속해 있는 군을 기준으로 보면 1회 강연당 5급 이하의 사례금 상한액은 약 20만 원, 4급 이상은 30만 원 정도다. 외부 강의의 횟수가 월 3회 또는 월 6시간을 초과하는 경우에는 소속기관의 장에게 승인을 받으면 가능하다. 공무원의 많지 않은 월급을 생각해보면 꽤 짭짤한 수익이 아닐 수 없다.

이번에는 서적 출간에 대해 알아보자. 작년에 첫 책을 냈을 때 이 질문을 정말 많이 받았다.

"군인이 책을 낼 수 있어요?"

역시 가능하다. 모든 규정과 위반 사례들을 살펴보고 담당자와 직접 연락을 취해본 결과 확언을 받았다. 국가의 안위에 지장을 줄 만한 내용(예를 들면 군의 비밀 등)을 제외하면 가능하다.

간단히 생각해보자. 서점에 가보면 정치인들조차 자신의 자서전을 떳떳하게 내놓지 않는가. 공무원이 서적을 저술해서 저작권을 가지고 인세를 받는 행위는 원칙적으로 영리업무에 해당되지 않는다. 단, 직접 서적을 출판·판매하는 행위나 주기적으로 서적(학습지, 문제지 등)을 저술하여 원고료를 받는 행위는 영리업무에 해당된다.

아직도 무언가 찝찝하다면, 직접적인 사례를 들여다보자. 나는 현역 장교의 신분으로 책을 냈고, 군부대 강연과 외부 강연을 합법적으로 다니고 있다. 원주에서 근무하는 민창이라는 친구도 현역 중사의 신분이지만 《권중사의 독서혁명》이라는 책을 낸 저자이며, 강연활동을 활발히 한다. 또한 내 주변의 공무원들 중에는 박사 학위(전공과 직위 무관)를 취득하고 야간대학교 교수직을 맡고 있는 사람들도 많다. 규정에 맞춰 승인 절차만 정상적으로 따른다면 아무것도 문제될 것이 없기 때문이다.

만약 당신이 기술과 관련된 분야의 공무원이라면 한국산업인력공단에서 주최하는 우수숙련기술자와 대한민국 명장에도 도전할 수 있다. 산업현장 7년 이상의 경력이 있다면 우수숙련기술자에 지원이 가능하고, 15년 이상의 경력이 있다면 명장에 지원할 수 있다. 선정되는 것이 쉽지는 않지만, 만약 공무원 생활을 하면서 목표가 없다면 무조건적으로 추천한다.

명장이 되면 여러 기업과 수많은 단체에서 고가의 강연 러브콜을 받는 것은 물론이고, 퇴직 후 상당한 영향력을 끼칠 수 있다. 만약 이 말이 의심된다면 포털사이트에 '명장 강연'이라고 쳐보기 바란다. 가장 좋은 점은 준비하는 과정조차 불필요한 부분이 없다는 것이다. 자격증 점수, 대회 포상 점수 등 어차피 진급이나 향후 전공을 살려 어떤 일을 할 때에도 도움이 될 만한 요건들이다.

나는 이런 루트들을 통해 수많은 사람들의 인생이 바뀌는 것을 직접 목격했다. 경제적으로도 폭발적으로 성장하고, 단순히 먹고사는 문제를 넘어서 자아실현의 욕구를 충족시켜가는 공무원들을 수없이 봐왔다. 여태까지 말한 것들 중 당연히 저절로 되는 것은 아무것도 없다. 책을 쓰거나, 박사 학위를 취득하거나, 우수숙련기술자/대한민국 명장을 취득한다는 것은 인내와 고난이 가득할 수밖에 없는 일들이다. 반면 그렇기 때문에 아무나 할 수 없다는 뜻이기도 하다. 특히나 생계에 대한 걱정이 크지 않은 공무원들에게는 훨씬 더 어려운 결심이다. '왜 굳이 사서 고생해야 하나'라는 생각이 들지도 모른다. 이 방법을 제외하고라도 전역 후 하고 싶은 일이 명확한 사람들은 그것이 무엇이든 응원한다.

내가 추천하는 이 방법들은, 정년퇴직이나 전역 후 제2의 전성기를 누리며 멋진 삶을 살아가고 싶지만 당장 뭘 해야 할지 모르겠는 사람들을 위한 제안이다. 주말이 보장된 주 5일제 근무와 안정적인 급여, 안정된 삶을 위해 공무원의 길을 택했을 것이다. 하지만 안정적인 삶은 절대 당신에게 성장할 기회를 주지 않는다. 성장하지 않는다면 그 안정은 곧 매너리즘으로 바뀔 것이다. 나는 당신이 진심으로 끊임없이 성장하길 바란다. 당신의 경제력도, 꿈도, 행복도.

사람들의 라이프스타일을 팔아라

고객이 자신의 인생 전부를 맡기고 싶을 만큼 커다란 신뢰를 주어라.
- 브라이언 트레이시

세상은 하루가 다르게 변하고 있다. 심지어 '세상이 하루가 다르게 변하고 있다'는 말 자체가 이제는 식상할 정도로 세상은 빠르게 변한다. 여기서는 내가 처음 사업에 눈뜨고 나서 가장 먼저 배우기 시작했던, 지금도 계속 배우고 있는 세일즈와 마케팅에 대해 이야기해보려고 한다. 이제부터 말하는 내용은 마케팅에 대해 공부한 사람들이나 교육업계에 종사하는 사람들은 이미 대부분 알고 있지만, 일반인들은 미처 인식하지 못하는 경우가 많다.

내가 태어나기 전에는 사회가 어땠는지 모르겠다. 다만 1992년에 태어난 내 기준으로 봤을 때 세상은 항상 경쟁이 치열했다. 부동산을 매매하거나 임대하려고 하면 수많은 공인중개사들 중 한 명을 택해야 하고, 건강 좀 챙겨볼까 싶어 인터넷에 '종합비타민'을 검색해보면 셀 수 없이 많은 종류들이 나온다. 또 여드름이 나서 피부에 신경을 좀 써볼까 하면 '남성 전용, 여드름 전용, 무색소·무화학 제품, 올인원' 등등 종류가 끝도 없다.

간혹 이렇게 말하는 사람도 있을 것이다.

"소비자들 입장에서는 선택권이 많아져서 좋은 것 같은데요."

과연 그럴까? 다른 사람들은 모르겠지만 내 입장에서는 딱히 그런 것 같지 않다. 선택권이 너무 많아져서 물건을 살 때 오히려 찝찝한 감이 없지 않아 있다. 어떤 서비스나 물건을 구매할 때마다 '내가 산 것보다 더 싸고 좋은 게 있으면 어떻게 하지?'라는 생각이 머릿속에 맴돌곤 하는 것이다.

우리가 궁극적으로 원하는 것은 '좋은 집을 저렴하게 구하는 것'이지, 좋은 중개사를 만나는 것은 아니다. 또 건강이 좋아지는 것을 원하지, 좋은 비타민을 찾는 것이 목적은 아니다. 당장 여드름이 없어지고 피부가 좋아지는 것을 원하지, 남성 전용에 무화학 제품이라는 사실은 별로 중요하지 않다는 말이다.

교육·컨설팅 분야에 대해 공부하면서 이것은 나만의 문제가 아니라는 사실을 확신할 수 있었다. 이미 나 같은 사람들을 위한 교육·컨설팅 프로그램이 수도 없이 쏟아져 나오고 있고, 그 시장을 먼저 장악한 사람들은 승승장구하여 이미 부자의 반열에 올라 있었다. 다음은 이에 대한 예시들이다.

1 부동산 중개업 - 부동산 투자 컨설팅/교육 프로그램 판매

2 건강식품, 다이어트식품 판매 - 다이어트 컨설팅/교육 프로그램 판매

3 화장품 판매 - 피부 컨설팅/교육 프로그램 판매

4 출판업계 - 책 쓰기 컨설팅/교육 프로그램 판매

5 애견훈련사 - 애견 훈련법 컨설팅/교육 프로그램 판매

6 프랜차이즈사업 - 소자본 창업 컨설팅/교육 프로그램 판매

7 중고차 딜러 - 중고차 고르는 방법 컨설팅/교육 프로그램 판매

8 의자/벽지 판매 - 자녀 공부 집중력 향상 컨설팅/교육 프로그램 판매

9 다이어리 판매 - 시간관리 컨설팅/교육 프로그램 판매

10 외국어 학원 - 해외 취·창업 컨설팅/교육 프로그램 판매

어떤 느낌인지 대략 감이 오는가? 이 예시들은 '이런 식으로 할 수도 있다'라고 대충 지어낸 것들이 아니다. 일일이 실명을 거론할 수는 없지만 실제로 내 주변에서 보거나 지인들이 하고 있는 사업방식이다.

첫 번째 사업부터 천천히 살펴보자. 부동산 중개사가 하는 일을 모르는 사람은 아마 거의 없을 것이다. 부동산 중개사들은 주변에 너무도 많다. 사람들은 집이나 건물, 땅 등을 매매하거나 세입자를 구할 때마다 중개사를 찾는다.

만약 당신이 수익형 부동산에 투자해서 안정적인 월세를 받고 싶다고

생각해보자. 그런데 관련 지식이라고는 책 몇 권 읽은 것이 전부이고, 실제적인 투자 경험은 전무하다. 책에는 수익형 부동산을 매매했다가 공실기간이 길어져서 손해를 보는 경우, 세입자의 불만으로 인해 스트레스가 극에 달하는 경우, 매매가격이 떨어져서 월세를 받는 의미가 없어지는 경우 등 투자 위험요소들이 나와 있지만 전혀 감이 오지 않는다.

이런 상황에서 200만 원 정도의 금액을 내면 부동산 전문가(중개사)가 투자에 대한 전반적인 지식을 알려주고, 좋은 조건으로 대출을 받게 해주고, 실제로 여러 개의 방을 같이 보러 다니면서 장단점을 분석해준다고 하면 끌리지 않을까? 200만 원만 내면 공실도 없고, 세입자의 불만도 알아서 조정해주고, 매매가격이 떨어질 위험도 없는 곳에 안정적으로 투자하게 해준다면? 부동산 투자를 전문적으로 하는 사람이 아닌 이상 굉장한 매력을 느낄 것이다. 특히 부동산 투자의 경우 대부분 1억을 상회하기 때문에 200만 원은 부동산 투자에 대한 보험 정도로 느껴진다.

이번에는 어떤 부동산 중개사가 있다고 생각해보자. 아무리 부동산 투자에 대한 수요가 넘친다고 한들, 중개사들 또한 너무도 많고 하는 일도 다 똑같다. 누구나 다 하는 단순한 SNS 마케팅에서 벗어나기 위해 전문적인 사업 프로세스·마케팅 교육을 받기로 결심한다. 교육을 받은 후 세입자들의 수요가 항상 많은 한 지역을 정해 근처의 오피스텔과 다세대 주택들을 전부(매매가, 투자수익률, 대출 가능 퍼센트, 건물 연식 등) 분석해서 리스트화한다.

그 리스트를 책으로 만들어 직접 발품을 팔러 다니기 힘든 직장인들에게 판매하고, 자신을 투자 전문가로 포지셔닝 한다. 자료를 본 사람들은 제대로 된 부동산 투자 교육을 받고 싶어지고, 당연히 일반 중개사가 아닌 전문가를 찾게 된다. 그 시점에 체계적인 교육프로그램을 만들어 자료를 구매한 사람들에게 공지하고, 일정 교육비용을 받으며 자신이 가지고 있는 매물들의 장단점을 분석해준다.(결국 중개사가 하는 일과 비슷하다.)

그러면 만약 내가 가지고 있는 매물을 구매하지 않더라도 1인당 200만 원의 수익을 올릴 수 있고, 매매 계약을 한다면 중개수수료 또한 온전한 수익이 된다. 이 과정에서 가장 매력적인 것은, 사람들이 중개사를 전문가로 인식하며 대접하고 진심으로 감사해한다는 점이다. 부동산 중개사에게 진심으로 고마워하는 사람이 과연 얼마나 될까? 이 부동산 중개사는 고객들의 투자 성공 후기들을 자신만의 플랫폼에 지속적으로 정리해두면서 그 내용을 바탕으로 책도 낸다. 사람들에게 끼치는 영향력이 커지면 커질수록 전문가로서의 입지는 점점 더 탄탄해지고, 더 이상 마케팅을 별도로 하지 않아도 사람들이 알아서 찾아오는 시스템이 만들어진다.

다른 모든 예시들도 이와 비슷하다. 건강·다이어트 식품, 화장품을 판매하는 사람들 또한 전문가로 포지셔닝 하고 사람들에게 교육·컨설팅을 할 수 있다. 상품을 판매하면 더 좋겠지만, 판매하지 않아도 교육·컨설팅 비용을 받을 수 있다.

출판사를 차리고 책 쓰기 프로그램을 만들어서 사람들에게 일정 비용을 받고 교육하는 경우도 많다. 출판사를 가지고 있기 때문에 교육을 받으면 100퍼센트 책을 출간하게 해준다는 명목으로 비싼 돈을 받는다. 어차피 자비 출판의 경우 어느 정도 이상의 금액이 들어가기 때문에 만약 그 비싼 교육프로그램 비용 안에 출판, 마케팅 비용까지 포함되어 있다면 서로에게 좋은 교육일 수 있다. 대신 이 경우에는 교육을 듣는 소비자가 꼼꼼히 따져봐야 한다.

애견훈련사의 경우 강아지를 키우는 주인을 교육할 수 있다. 강아지를 훈련시키는 비용을 너무 비싸게 책정하면 사람들이 거부감을 가질 수 있지만, 주인에게 훈련법을 교육한다면 꽤 고가의 비용도 기꺼이 지불한다. 세탁소에 옷을 맡기는 돈보다 다리미를 사는 것이 비싼 것과 같은 원리다.

사람들은 일시적인 서비스에는 비싼 돈을 들이기 꺼려하지만, 지속적으로 활용할 수 있는 물건이나 서비스는 비싼 비용을 들여서라도 과감히 구매한다. 또한 만약 본인이 교육을 받았음에도 아직 이해가 덜 되었거나 직접 강아지를 훈련시킬 자신이 안 생긴다면, 그 사람은 당연히 자신을 교육해준 그 훈련사에게 강아지 훈련을 맡길 것이다.

프랜차이즈사업의 경우 이제 막 창업을 하려는 사람들에게 교육을 판매할 수 있다. 초보 창업자의 경우 자본은 어느 정도 모아놨지만 주변에서 망하는 사람들을 수없이 많이 봐오면서 안정적으로 창업할 수 있는 방법을 찾을 것이다. 당연히 망하고 싶지 않을 테니 말이다. 이런 사람들을 대상으로 창업에 대한 전반적인 지식과 현실 흐름을 교육하고, 망하는 사업과 잘되는 사업을 분석해줄 수 있다. 초보자가 사업 시스템을 익히기 적합한 프랜차이즈에 대해 설명하고 어떤 점들을 유의해야 하는지도 알려줄 수 있다. 만약 당신에게 창업·프랜차이즈 교육을 받은 사람이 프랜차이즈 창업을 하고 싶다는 생각을 하게 된다면 어떤 회사를 택하겠는가? 아마도 당신이 운영하는 프랜차이즈 시스템일 가능성이 높다.

중고차 딜러의 경우 고객들에게 중고차를 고르는 방법에 대해 교육할 수 있다. 어떤 차를 사야 하고, 어떤 차를 사면 안 되는지도 설명할 수 있다. 또 만약 고객이 교육을 받고 나서도 잘 이해하지 못하거나 차 고르는 것을 어려워한다면 고객이 중고차를 사러 갈 때 직접 동행하는 서비스도 제공할 수 있다. 물론 거기에 대한 비용은 받고 말이다. 이렇게 되면 더 이상 평범한 중고차 딜러가 아니다. 고객들은 훌륭한 전문가로 인식하고 설명해주는 것에 의존하며, 추천해주는 차를 훨씬 더 매력적으로 여길 것이다.

의자, 벽지 판매 등 인테리어 업종에 종사하는 사람들은 수험생이나 고시생을 위한 방을 만들어줄 수 있다. 학생 개개인의 자세와 몸 특성을 고려하여 최적화된 의자를 제공하고 공부에 집중이 잘되는 색깔의 벽지, 집안 구조를 맞춤형식으로 제공할 수 있다. 이 경우 고객들은 단순한 인테리어 업자로만 보지 않을 것이다. 본인 또는 자녀의 공부 능력을 향상시킬 수 있도록 도와주는 전문가이니 말이다.

만약 다이어리를 판매하는 사람이라면 자기관리, 시간관리 교육을 할 수 있다. 그 프로그램에는 당연히 일정관리가 들어갈 것이며, 수강생들은 다이어리를 어차피 구매해야 한다. 교육은 모두 당신이 만든 다이어리를 통해 진행될 것이며, 수강생들이 다이어리를 살 생각이라면 당연히 그 다이어리를 구매할 것이다.

세상에 외국어 학원은 무수히 많다. 하루에도 대체 몇 개의 학원이 생기고, 몇 개의 학원이 사라지는지 모른다. 그렇다면 생각해보자. 외국어를 공부하는 사람들의 궁극적인 목적이 무엇일까? 외국어를 잘하는 것? 아마도 아닐 것이다. 외국어를 공부해서 해외로 이민을 가고 싶다거나 세계 여행을 다니면서 각국의 사람들과 문화를 접하고 싶을 것이다. 이 외에도 다른 이유가 있을 수 있다. 중요한 것은 단순히 '외국어를 잘하는 것'이 궁극적인 목적은 아니라는 말이다.

사람들은 본능적으로 궁극적인 목표에 이끌린다. 고객들은 책을 쓰고 싶은 것이 아니라 저자가 되어 강연을 하고 싶은 것이다. 애견 훈련법을 배우고 싶은 것이 아니라 키우는 강아지가 말을 잘 듣게 하고 싶은 것이다. 중고차를 선별하는 방법이 궁금한 것이 아니라 좋은 중고차를 저렴하게 구매하고 싶은 것이다. 당신이 어떤 사업을 하든 무슨 분야의 프리랜서나 전문가로 일하든 이 사실은 변하지 않는다.

일반적으로 사람들은 단순히 호기심만으로 상품이나 서비스를 구매하지 않는다. 자신의 라이프스타일을 구매한다. '이 정도의 금액을 쓰면 내 삶이 어떻게 바뀔까'에 대해 고민한다. 특히 고가의 금액일수록 더 그렇다. 돈을 벌고 싶다면 사람들의 궁극적인 목표를 찾아라. 그리고 라이프스타일을 판매함으로써 그들의 삶을 변화시켜라.

말하기와 글쓰기로 생산하는 능력을 키워라

사람들이 공유하고 싶어 할 만한 것을 만들어라.
- 존 잔스

앞에서 설명한 내용들을 실제로 적용하여 수익을 내기까지 반드시 필요한 능력이 있다. 바로 말하기나 글쓰기로 사람들에게 알리는 능력이다. 아무리 최고의 교육프로그램과 컨설팅을 제공한다고 해도 사람들이 알아주지 않는다면 의미가 없다. 만약 자본이 넉넉해서 믿을 만한 회사에 마케팅 대행을 맡기거나 유동인구(팔로워)가 많은 플랫폼을 가지고 있다면 좋겠지만 우리 중 대부분은 그렇지 않을 것이다.

우리가 취할 수 있는 가장 효율적인 홍보방법은 교육프로그램의 잠재고객들이 모여 있는 커뮤니티(카페, 웹사이트, 오프라인 모임 등)에 공감을 이끌어낼 수 있는 글을 쓰거나 이야기를 자연스럽게 흘리는 것이다. 글을 올릴 때에는 단순한 '광고'처럼 보이지 말아야 하며, 말을 할 때에는 '입만 산 놈'이 되지 않아야 하는 것이 관건이다. 대부분의 사람들은 이 주의사항을 알면서도 멋진 광고처럼 글을 쓰고, 청산유수처럼 혼신을 다해 교육프로그램을 설명한다. 그런데 안타깝게도 잠재고객들은 당신의 교육프로그램이 얼마나 체계적으로 만들어졌는지, 얼마나 많은 시간과 돈과 노력을 들였는지 전혀 관심이 없다. 그들이 유일하게 관심을 갖는 것은 '교육을 받은 후의 삶이 지금과 비교했을 때 얼마나 많이 바뀔 것인가'이다. 그렇기 때문에 마케팅 전문가들은 항상 '고객의 실제 후기'를 최고의 마케팅 방법으로 꼽는다. 이를 악용하여 후기를 자체적으로 올리는 업체들도 많지만, 고객들은 이 사실을 얼추 알고 있으면서도 여전히 후기에 매료된다. 후기는 대부분 교육 전과 후를 비교해서 지금의 삶이 얼마나 나아졌는지에 대해 작성되기 때문이다.

수강생들이 어느 정도 모이기 시작하고, 후기가 자연스럽게 생성된다면 더할 나위 없이 좋을 것이다. 하지만 처음이 고비다. 교육프로그램을 론칭 해 아직 후기가 거의 없을 때 어떻게 사람들을 모을 수 있을까? 정답은 철저하게 고객의 입장에 공감하는 것이다. 너무 식상한 것 같은가? 좀 더 구체적으로 말해보자. 고객이 평소 자주 생각할 만한 것, 평소 자주 말하는 문장, 주변에서 자주 들을 만한 말을 '구어체'로 적으면 공감대를 더 강하게 이끌어낼 수 있다.

다음은 테니스 레슨 프로그램, 맞춤형 라켓 컨설팅 판매 유입 글이다.

제목: 테니스 엘보, 진짜 미치겠네

"아, 테니스 시작하고 나서 손목 부상, 엘보에 목 결림, 어깨 결림에 몸이 성한 곳이 없네."

"건강해지려고 시작한 운동인데 오히려 몸이 상하는 것 같다."

"여태까지 레슨 받고 투자한 시간이 얼만데 이렇게 재밌는 운동을 그만둘 수도 없고."

"근육량이 부족한 것 같아 아령으로 운동도 열심히 했는데 전혀 호전될 기미가 안 보인다."

"하루라도 더 쳐서 실력을 키우고 싶은데 엘보 때문에 어쩔 수 없이 또 쉬어야 하다니."

"병원비만 대체 얼마를 쓴 건지 모르겠네. 좀 낫는 것 같더니 다시 치자마자 재발하고……. 미치겠다, 진짜."

공감되시나요? 이는 테니스 동호인의 90퍼센트 이상이 겪는 고충입니다. 저도 당연히 마찬가지였습니다. 초보 때는 오히려 괜찮았는데 실력이 늘어가고 공을 세게, 자주 치면서부터 슬슬 몸이 망가지는 느낌이 들었습니다. 동호회를 나가면 주변에 부상으로 운동을 쉬는 분들이 항상 계셨어요. 근육 운동도 꾸준히 하는데 왜 엘보가 생길까 이해가 되지 않았습니다.

병원에서 항생제를 처방받아 먹고 아무리 근력운동을 해봐도 다시 테니스를 치면 엘보가 재발했습니다. 의사들의 치료는 결국 일시적인 방책에 지나지 않았습니다. 테니스라는 운동에 푹 빠져 있는 저로서는 도저히 이 운동을 끊을 수가 없었습니다. 안 되는 영어로 구글과 유튜브를 뒤져 해외의 정보를 찾고,

정형외과 전문의들과 상의를 해본 결과 문제는 제 몸이 아니었습니다. 제대로 된 전문가가 주변에 아무도 없어서 '엘보의 발생 원인'에 대해 전혀 모르고 있던 것이었습니다.

결과적으로 지금은 저뿐만 아니라 제 주변의 지인들 모두 부상 걱정 없이 테니스를 즐기고, 실력 또한 엄청나게 늘게 되었습니다. 아무리 엘보 치료를 잘하는 의사가 있다 한들 또 재발한다면 치료기간이 계속 늘어나게 됩니다. 중요한 것은 치료가 아닙니다. 애초에 발생 원인을 정확히 알고 예방하는 것이 중요합니다. 부상에서 벗어나 건강하게 오래 테니스를 치고 싶으시다면, 엘보가 지긋지긋하시다면 메일 보내주세요.

메일: email@naver.com

양식: 이름/나이/운동 경력/거주 지역

이 글은 내가 한국영업인협회에서 교육을 들을 때 마케팅을 공부하면서 썼던 글이다. 테니스 레슨 프로그램, 맞춤형 라켓 컨설팅 판매를 위한 글이지만 그것에 대한 내용은 한 줄도 적혀 있지 않다. 철저히 고객의 입장에서 생각하고 자주 말하는 내용을 그대로 녹음한 듯 적어놓았다. 그들의 마음속 끝까지 들어가 공감대를 이끌어내는 것만이 목적이었다. 당시 테니스 동호회 활동을 하면서 그들의 고충을 잘 이해하고 있었고, 어떤 말을 자주 하는지 정확히 알았기 때문에 좀 더 디테일하게 작성할 수 있었다. 나는 이 글을 활성화된 전국의 테니스 동호인

커뮤니티에 올렸다. 반응이 어땠을까? 당황스러울 정도로 많은 메일을 받아볼 수 있었다. 더 신기했던 것은 그들이 보낸 메일의 내용이다.

"엘보 때문에 3년째 고생 중입니다. 선생님이 좋은 방법을 알고 계시다면 부디 공유해주시길 부탁드립니다."

"엘보 때문에 매번 물리치료를 받고 있지만 좀처럼 호전이 되지 않습니다. 증세가 반복될수록 회복기간이 늘어나고요. 병원에서는 너무 과한 운동은 안 좋다고만 하는데, 혹시 박사님에게 방법이 있다면 알려주세요."

그들은 나를 마치 전문가처럼 인식했다. 단지 글 하나만 올렸을 뿐인데 온라인상에서 선생님, 대표님, 교수님, 박사님 등의 호칭으로 불리게 되었다. 나는 메일을 보내온 사람들에게 답신을 보냈다.

"테니스 엘보는 일반적으로 동호인들이 아는 것과는 많이 다릅니다. 운동을 과다하게 해서도 아니고, 근력이 부족해서도 아닙니다. 개개인마다 공을 치는 자세가 다르고 체형, 근력 등 모든 조건이 다르기 때문에 당연히 각자의 맞춤형 처방이 필요합니다. 단순히 엘보 증상만 치료하는 것은 일시적인 방편일 뿐입니다. 근본적인 부상의 원인을 없애야 합니다. 지금은 컨설팅 의뢰가 너무 많아 일일이 도움을 드리기가 어렵습니다. 조만간 부상의 위험을 스스로 연구해서 해결할 수 있는 내용을 소책자로 제작할 계획입니다. 다음 달 중에 한정 수량을 배포할 예정이오니 휴대전화 번호와 성함을 알려주시면 문자로 계좌번호와 금액을 보내드리겠습니다."

물론 메일상의 소책자는 존재하지 않았으므로 나는 연락해온 고객들의 정보를 평소 알고 지내던 테니스 코치에게 인계했다. 우리가 이 사례를 통해 배워야 할 것은 '고객들의 관심은 교육의 커리큘럼이 아니다'라는 사실이다. 커리큘럼이 얼마나 체계적이고 훌륭한지에 대한 설명은 이제 멈춰야 한다.

여기서 고객들이 원하는 것은 엘보를 치료하는 것이다. 따라서 자신의 고민에 진심으로 공감해주고, 해결책을 제공해주는 사람이라는 확신만 든다면 엘보를 치료하는 방법이 어떻든 상관이 없다. 아직도 공감하는 글쓰기의 위력에 대해 확신이 들지 않는다면 또 하나의 예시를 보자.

다음 페이지의 카드뉴스는 SNS 마케팅을 배우기 시작하면서 내 스토리를 그대로 담아 만든 콘텐츠다. 당시 팔로워가 1,000명이 갓 넘는 페이지에 올렸던 이 카드뉴스는 엄청나게 폭발적인 반응을 얻었다. 생각보다 같은 고민을 하는 사람들이 많았던 것이다.

세상에는 꼭 군인이 아니라도 안정적인 직장을 갈구하는 어른들과 자신의 꿈을 찾으려는 젊은 세대 간의 마찰이 넘쳐난다. 그 와중에 사람들은 평소 말하고 싶지만 차마 못했던 말들을 속 시원히 대변해주는 이 카

동기부여 카드뉴스

드뉴스를 보게 된 것이다. 사람들은 자신의 지인들이 이 카드뉴스를 봤으면 하는 마음에 공유를 누르고, 댓글로 부모님이나 친구들을 태그하기 시작했다. 이렇듯 사람들은 언제나 자신의 생각에 진심으로 공감해 주는 사람에게 끌린다.

사람들을 끌어들이는 말을 하는 방법도 마찬가지다. 유명 강연 프로그램에 나오는 스타강사들에게는 하나같이 공통점이 있다. 그들은 '연기'를 잘한다. 때로는 부모님을 따라 하고, 어떤 때에는 직장 상사로 변신하며, 필요에 따라 누군가의 배우자가 되기도 한다. 청중들은 그들의 연기에 매료되고, 울고 웃는다. 연기야말로 그 상황에 완전히 공감하고 몰입하지 않으면 불가능하기 때문이다. 이처럼 공감은 항상 사람들의 큰 관심과 감성을 자극한다. 사람들의 공감을 이끌어낼 수 있는 글을 쓰거나 말하는 방법을 연습한다면 누구든지 당신의 콘텐츠에 몰입하게 될 것이다.

잠재고객을 세분화하라

광고는 사람과 비슷하다.
모든 사람이 그 광고를 좋아하면 무언가 잘못된 것이다.
- 헬 스테빈스

"저는 연기를 배워본 적도 없고, 테니스를 쳐본 적도, 군 생활을 해본 적도 없어요."

당신이 프리랜서든, 자영업자든, 사업가든 전혀 문제가 되지 않는다. 모든 분야의 사람들에게 공감을 얻을 필요는 없기 때문이다.

이 책을 읽는 독자들의 대부분은 천재가 아닐 것이다. 때문에 한번에 다양한 분야를 섭렵하기 어렵고, 만약 섭렵했다고 해도 사람들은 당신을 전문가로 인식하지 않을 것이다. 우리는 프로가 되어야 한다. 새로운 사람들과 처음 만나는 소개팅 자리에서 "저는 이것도 잘하고, 저것도 잘합니다"라고 자랑하는 상황이 아니다. 우리는 제품이나 서비스를 판매해야 하는 입장이다. 그러기 위해서는 다재다능이 아닌 전문성을 어필해야 살아남는다.

만약 당신의 코뼈에 문제가 생겨 성형외과를 찾아가야 한다고 치자. 꽤 심각한 상태라서 초기에 제대로 수술을 받지 않으면 평생 삐뚤어진 코로 살아야 할 수도 있는 상황이다. 인터넷을 통해 믿을 만한 성형외과를 찾는 과정에서 이런 글을 보게 된다.

<강남의 유명한 성형외과>

"저희 성형외과에서는 수술에 있어 필요한 부분을 확인하기 위해서 상담 시 충분히 확인을 하고 진행합니다. (중략) 코 수술의 경우에는 석고본 등을 통해 보다 만족스러운 수술을 할 수 있게끔 계획을 세웁니다. 광대 축소에 대해서는 뼈를 깎지 않으면서 후내측으로 이동시켜 광대 축소 효과를 기대할 수 있도록 해주고 있으며, 필요시에는 지방도 함께 제거할 수 있습니다. 쌍꺼풀은 환자가 원하는 정도가 있기 때문에 그 부분을 미리 보여주고 수술 시에는 딱 그 두께만큼 맞춰 진행하고 있습니다."

<코 성형 전문 성형외과>

"코 성형은 대부분의 사람들이 본인의 이미지를 바꾸기 위해 손쉽게 할 수 있는 간단한 수술로 생각하기 때문에 가장 많이 선택하는 성형수술 중 하나입니다. 하지만 코는 얼굴의 중앙에 위치하여 약간의 모양만 바뀌어도 다른 인상을 줄 수 있고, 수술 후 만족도가 그리 높지 않아 신중하게 생각하고 결정해야 합니다. 얼굴의 전체적인 조화를 감안하여 자신의 얼굴에 어울리는 코 성형을 하는 것이 가장 중요하며, 사람들이 간단한 수술로 생각하지만 수술 후 관리를 제대로 하지 않으면 재수술의 위험이 존재합니다."

밑줄 부분은 코 성형을 하고 싶어 하는 잠재고객의 관심 시야를 표시한 것이다. 환자들의 경우 자신의 고민과 고통에 공감해주는 의사를 찾으면 쉽게 매료된다. 그런데 많은 사람들이 이 사실을 알고 있음에도 불구하고 선뜻 실행하지 못한다. 이를 위해 다른 고객들을 포기해야 한다고 생각하기 때문이다. 광대, 눈, 양악 수술 환자들에게 미련을 버리지 못한다. 그렇다면 이번에는 다른 방향에서 생각해보자.

만약 당신이 모든 분야의 전문가가 되려고 한다면 공부해야 하는 분야 또한 넓어진다. 오는 고객들의 범위는 점점 광범위해질 것이고, 트렌드를 쫓아가기 위해 쉼 없이 달려야 할 것이다. 반면 고객을 세분화한다면 공부해야 하는 분야는 좁아진다. 그 분야의 고객들을 더 깊게 연구할 수 있고, 오는 고객들의 범위가 좁아지면서 많은 사례들을 토대로 더 체계적인 피드백이 가능해질 것이다. 이것은 고객들이 당신을 전문가로 인식하는 것뿐 아니라 실제로 훨씬 더 고차원의 전문가가 될 확률이 높아진다는 것을 의미한다.

마케팅 측면에서도 마찬가지다. 우리는 고객의 범위를 세분화할수록 훨씬 더 적은 시간과 비용으로 효율적인 마케팅 효과를 낼 수 있다. 다른 성형외과들이 '코 성형/쌍꺼풀 수술/양악 수술/가슴 성형/돌출 입 교정/이마 보형물 삽입' 등등 많은 키워드를 내세우며 시간과 돈을 투자할 때 우리는 '코 성형'에 대한 키워드만 분석하고 집중할 수 있다. 또한 비슷한 고충을 가진 사람들이 애용하는 커뮤니티를 주기적으로 활용하면 그들의 고민이 무엇인지 구체적인 파악이 가능해진다. 그러다 보면 시시각각 변하는 고객들의 트렌드를 잡기가 수월해진다. 이처럼 우리는 정해둔 잠재고객들의 고민에만 집중해서 공감할 수 있으면 된다.

잠재고객의 기준은 최대한 날카롭게 세워야 한다. 또 한번 세운 기준을 스스로 어겨서는 안 된다. 그래야 더 효율적이며, 전문성이 생기고, 사람들은 당신을 어중이떠중이가 아닌 특별한 한 분야의 전문가로 여길 것이다.

예전에 자라다 남아미술연구소 최민준 대표의 강의를 들으며 굉장히 인상적이고 공감 갔던 부분이 있다.

"처음 남아미술연구소를 만들어서 남자아이들만을 교육하겠다고 했을 때 주변에서는 저더러 미쳤다고 했습니다. 대부분의 미술학원들은 여자아이 비율이 훨씬 높거든요. 하지만 저는 지독하게 남자아이들만의 특성을 연구했습니다. 남자아이들이 절대 여자아이들보다 미술 감각이 떨어지지 않는다고 확신했습니다. 그 확신을 뒷받침할 자료들을 연구하고, 얼마 지나지 않아 남자아이를 가진 부모님들의 수강 의뢰가 쏟아지기 시작했어요. 아들을 가진 어머님들의 마음은 절대 우리 아들이 다른 집 딸들보다 못하지 않다고 생각하시기 때문에, 제가 그 오해를 풀어드리면 굉장히 좋아하십니다.

남자아이를 가진 부모님들의 수강 신청이 끊이지 않았을 때 굉장히 재미있는 사건들이 있었습니다. 여자아이를 가진 부모님들이 이런 글을 달아놓으셨더라고요. '제 딸은 성격이 꼭 남자아이 같은데 수업을 들을 수 없을까요?' 예상치 못했던 반응이었지만 저는 단호히 거절했습니다. 만약 제가 거기서 당장의 유혹 때문에 '남자아이와 비슷한 성향의 여자아이들'을 받기 시작했다면 지금의 연구소는 없었을 겁니다. 저는 사업의 철학이 '제한'에서 온다고 생각합니다. 철학을 깨버린 사업은 오래 가지 못해요."

더 이상의 설명이 필요할까. 충분히 이해됐으리라 믿는다.

마지막으로 상류층 집중 전략에 대해 설명하려고 한다. 우리 주변에는 수많은 공인중개사들과 중고차 딜러들이 있다. 그렇다면 이들은 다 같은 공인중개사, 다 같은 중고차 딜러일까? 한 번이라도 이것에 대해 생각해본 적이 있는가? 질문이 잘 이해되지 않는다면 다음 사항에 대해 생각해보기 바란다.

중고차 딜러 vs 고급 스포츠카 전문 딜러
공인중개사 vs 강남 건물 통매매 전문 중개사

이들은 어떻게 생각하느냐에 따라 똑같은 일을 하는 사람처럼 보일 수도 있고, 완전히 다른 급의 직업처럼 보일 수도 있다. 정확히 말하면 같은 일을 하지만 고객이 다를 뿐이다.

고급 스포츠카 전문 딜러는 아무리 좋은 조건이어도 절대 국산차를 거래하지 않는다. 강남 건물 통매매 전문 중개사는 절대 아무하고나 거래하지 않는다. 이들은 철저히 스포츠카만을 공부하고, 강남의 빌딩에 대해서만 연구한다. 스포츠카를 탈 만한 사람들의 커뮤니티를 찾고 그들과 공감하려 노력한다. 강남 건물을 사고팔 만한 사람들의 모임을 찾아다니며 평소 그들의 부동산투자 성향이 어떤지 분석한다. 먼저 강남 건물 통매매 전문 중개사의 경우를 보자.

"강남의 건물을 거래할 만한 사람은 엄청난 부자일 텐데, 저 같은 사람에게 중개를 맡기려고 할까요?"

당연히 아니다. 거액이 왔다 갔다 하는 거래를 초짜에게 맡길 리가 없으니 말이다. 그렇다면 어떻게 해야 할까? 빌딩 매매 전문가라는 타이틀을 가지고 혼자 활동할 수 있을 만큼의 실력과 타이틀을 만들기 전까지는 빌딩을 주로 중개하는 부동산 법인에 속해서 배워야 한다. 고객들이 하나둘 늘어나다 보면 어느 순간 법인에 속하지 않아도 내 인맥과 실력으로 독립할 수 있는 시기가 온다. 좀 더 구체적인 사례를 위해 이번에는 고급 스포츠카 전문 딜러의 경우를 보자.

"스포츠카 거래량은 중고차 전체 거래량에 비해 너무 적잖아요."

맞다. 스포츠카 거래량은 중고차 전체 거래량에 비해 당연히 적지만, 수학적으로 보면 이 문제는 의외로 간단히 해결된다. 중고차 전체 거래량에 비해 중고차 딜러의 비율이 적을까, 아니면 스포츠카 거래량에 비해 스포츠카 전문 딜러의 비율이 적을까? 압도적으로 스포츠카 전문 딜러의 인원이 적다. 대부분의 딜러들은 스포츠카 거래량만으로 먹고살기 힘들 거라고 단언하기 때문이다.

친한 지인 중 한 명은 실제로 자신을 스포츠카 전문 딜러로 포지셔닝하고 스포츠카 전문 커뮤니티를 돌아다니며 잠재고객들에 대해 연구해본 결과 새로운 정보를 얻을 수 있었다. 상류층일수록 인맥에 의한 정보교류가 활성화되어 있다는 사실이다.

"원래 고액의 거래일수록 인터넷에 떠돌아다니는 정보보다 믿을 만한 지인들의 말을 더 신뢰하는 법이야. 이쪽 분야는 초반에 고객들만 잘 구축해놓으면 입소문을 타니까 오히려 홍보하지 않아도 알아서 연락이 와. 게다가 한 번 거래하면 거래 금액이 워낙 크다 보니까 거래량이 별로 없는 시기에도 웬만한 딜러들보다는 훨씬 넉넉하게 살지."

무엇보다 가장 좋은 점은 사람들의 인식이라고 한다.

"보통 중고차 딜러라고 하면 천시하는 경향이 있는데, 사람들은 나를 중고차 딜러라고 생각하지 않아. 스포츠카 전문가라고 말하면서 오히려 멋있게 보는 경우가 많더라고."

사람들이 백화점 명품관에 있는 직원에게 괜히 기가 죽는 것과 비슷한 원리다.

"스포츠카를 거래할 정도면 부자들과 교류도 많고 굉장히 전문적일 거야."

"저 직원이 나를 이상하게 쳐다보면 어떻게 하지? 내가 이 물건을 살 능력이 안 된다고 무시하면 어떻게 하지?"

명품관 직원이 다른 매장에 있는 직원들보다 특별히 월급을 많이 받는 경우는 드문데도 불구하고, 사람들은 직원의 수준이 아닌 그 직원이 평소에 보는 부자 고객들과 자신을 비교하며 기가 죽는 것이다. 이렇듯 우리는 무의식적으로 어떤 사람을 볼 때 그 사람 자체의 능력보다는 그 사람의 고객들이나 주변인들을 보고 평가하는 경우가 많다.

고객을 바꾸는 방식의 접근은 우리에게 고스펙을 요구하지 않는다. 대기업이나 공기업에 입사하는 것처럼 토익 점수가 높아야 하는 것도 아니고 봉사활동 점수, 고학력, 학점 따위도 필요 없다. 전공이 부동산학과거나 자동차학과라고 해서 특별히 유리하지도 않다. 그렇기 때문에 우리는 항상 유리한 방향으로 고객을 선정할 수 있다. 고객을 어느 쪽으로 세분화할지 결정하는 것은 당신의 몫이다.

[필독]
이 책이 당신의 인생을 파멸로 이끌지 않기를 바라며

'아, 어쩌면 나랑 이렇게 생각이 똑같을 수가 있지. 역시 내가 틀린 게 아니었어!'

'돈 펑펑 쓰면서 더 놀아야지! 인생은 역시 한 방이야. 엄마, 아빠한테 보여주고 싶다.'

'돈이 없는데 자꾸 어떻게 쓰라는 거야. 진짜 현실감각 떨어지는 책이네.'

'부자가 되려면 이렇게 해야 되는구나! 나도 한번 따라서 시도해봐야겠다.'

'이렇게 돈 쓰다가 망하면 자기가 책임질 건가? 책임질 거 아니라고 대충 말하네.'

'작가는 대단하지만 나는 이렇게까지 못 살겠다. 그냥 살던 대로 살래.'

이 책을 다 읽은 당신은 지금 어떤 생각을 하고 있는가? 누군가는 별 영감을 받지 못했을 수도 있다. 반면 또 누군가는 부자가 되고 싶은 마음이 생겨 당장이라도 뛰쳐나가 돈을 쓰거나 무언가를 배우고 싶어질지도 모른다. 아니면 이 책을 쓴 나를 욕하면서 '시간 버렸네'라고 생각할 수도 있다. 여기서 중요한 것은 당신이 어떤 생각을 하는지가 아니라 당신이 어떤 생각을 하든 비슷한 생각을 하는 사람들의 무리가 분명히 존재한다는 사실이다. 책을 마무리하기 전에 이 말을 꼭 전해야 할 책임감을 느낀다.

당신이 만약 '돈이 없는데 자꾸 어떻게 쓰라는 거야. 진짜 현실감각 떨어지는 책이네'라고 생각한다면 이와 비슷한 생각을 하고 있는 사람들과 비슷한 삶을 살게 될 것이다. 당신이 만약 '부자가 되려면 이렇게 해야 되는구나! 나도 한번 따라서 시도해봐야겠다'라고 생각한다면 역시 이와 비슷한 생각을 하고 있는 사람들과 비슷한 삶을 살게 된다. 이 말과 더불어 독자들에게 꼭 해주고 싶은 말이 있다.

나는 사람들의 삶의 방식을 크게 네 가지로 나눈다.

도전적 퇴보형 - 전혀 생산성 없는 놀이만 즐기면서 실질적으로 고통은 전혀 감수하려 하지 않는 사람. 성장성 제로.

안정적 퇴보형 - 생계에 지장 없는 능력만 구축해놓은 상태에서 성장을 멈춘

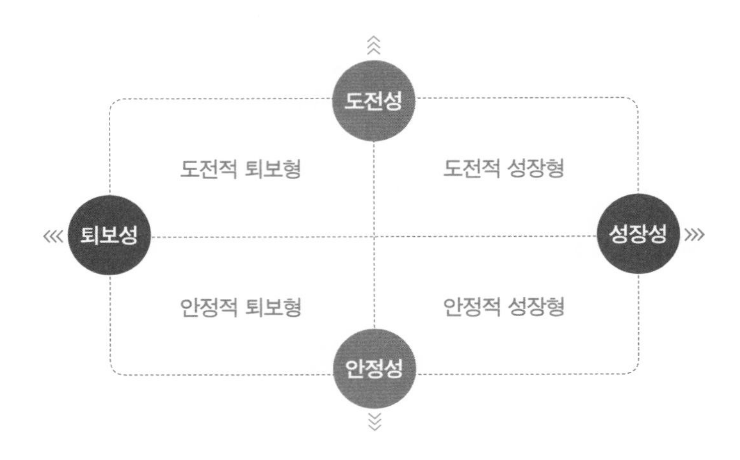

사람.

안정적 성장형 - 생계에 지장 없는 능력을 구축해놓은 상태에서 남는 돈과 시간으로 자신의 성장에 투자하는 사람.

도전적 성장형 - 어떤 상황에서도 인생 대부분의 돈과 시간을 자신의 성장에 집중시키는 사람.

여러분도 알겠지만, 우리 사회의 가장 많은 사람들이 안정적 퇴보형을 지향하며 살고 있다. 참고로 말하면 현대사회에서 아무것도 하지 않아도 유지되는 것은 아무것도 없다. 언제나 성장하지 않으면 퇴보된다.

세 가지의 성향(안정적 퇴보, 안정적 성장, 도전적 성장)에 대해서는 책 본문에서 충분히 언급했으니 마지막으로 도전적 퇴보 성향을 가진 사람들에 대해 자세히 이야기해보려고 한다. 도전적 퇴보 성향에 비하면 안정적 퇴보 성향을 가진 사람들은 오히려 양반이다. 이 성향을 가진 사람들의 가장 큰 문제는 대부분 본인이 퇴보 성향을 가진지 모른다는 것이다. 게다가 자신을 쿨하고 멋있게 포장하는 데에 도가 텄다.

"원래 20대 때는 돈 모으는 거 아니라고 했어. 얼마 되지도 않는 월급 모아봐야 티끌 모아 티끌이지, 뭐. 굶어 죽기야 하겠냐. 지금 다니는 회사에서 돈 벌 생각 없어. 사업해야지. 어차피 인생 한 방이야. 현재를 즐기라는 말 몰라? 일단 젊을 때는 여행도 많이 다니고, 연애도 많이 해봐야지. 어차피 나중에 벌 거니까."

이 말에 정확히 대답해주자면, 이런 사람들은 아마 굶어 죽지만 않을 것이다. 모아놓은 돈도, 쌓아놓은 실력도 없이 젊은 날의 이야기들을 영웅담처럼 팔면서 평생 살아갈 확률이 높다. 정말 운이 좋아 성공할지도 모르겠지만, 차라리 복권 당첨을 기대하는 편이 낫다. 물론 놀면서도 잠을 줄이고 시간을 쪼개서 배움에 시간을 투자하는 사람들은 제외다.

또 다른 분야의 도전적 퇴보 성향은 조금 더 복잡하다.

"저는 강의도 자주 듣고, 책도 많이 읽어요. 미래에 대한 고민도 계속 하는데 왜 삶이 변하지 않나요?"

이 사람들은 초반에 강의를 듣고, 책을 읽기 시작했을 때에만 도전적 성장 성향에 가까웠을 것이다. 지금 퇴보 성향에 더 가까워진 이유는 더 이상의 고통을 감내하려 하지 않기 때문이다. 계속해서 강의를 듣고 책을 읽고 있겠지만, 얻은 지식을 통해 무언가를 재생산하지 않는다면 그 사람은 결국 고인 물에 불과하다. 배운 지식을 기반으로 하여 어떤 행동을 통해 지혜를 깨닫지 못한다면 인생은 절대 바뀌지 않는다. 이를 돈과 관련시켜 생각해보면 배운 지식을 토대로 생산력을 갖추고 '수익화'를 시켜야 하는 것이다. 책을 1,000권 읽고 지식이 방대하다 한들 사람들은 아무도 알아주지 않는다. 사람들은 오히려 책을 전혀 읽지 않더라도 책을 써내고 강의를 하거나 사업을 성공시킨 사람들을 따르기 마련이다.

이렇게까지 하나하나 예시를 들어가며 설명하는 이유는 딱 한 가지다. 이 책 《돈기부여》는 철저히 양면성을 띠고 있기 때문이다. 진심으로 오해하지 않기를 바란다. 나는 당신이 아무 생각 없이 홍청망청 돈을 쓰는 것에 동조해주기 위해 이 책을 쓰지 않았다. 본인만의 확고한 철학과 성장이 없는 무책임한 소비는 그에 따른 후폭풍만 불러올 뿐이다. 내가 말하고자 하는 이 책의 내용을 한 문장으로 요약하자면 이렇다.

'자신이 진정으로 좋아하는 것에, 또는 좋아하는 것을 찾기 위해 먼저 돈을 써보고 돈기부여를 얻어 미친 듯이 배우고 성장해나가며 부자가 되어라.'

인간은 아무리 발버둥 쳐도 완벽해질 수 없다. 모든 것에 만족하며 살아갈 수도 없다. 그렇기 때문에 완벽이 아닌 성장을 추구하는 인간으로 살아가야 한다. 만약 다른 무언가의 성장으로 더 행복해질 수 있다면 그 주체가 꼭 돈이 아니어도 좋다. 다만 이 글을 읽고 있는 당신이 부디 퇴보하는 인생만큼은 살게 되지 않기를.

행복은 돈으로 살 수 없지만,
가난으로도 살 수 없다.

- 레오 로스텐